Henry Salt

瓦尔登湖的隐士

Life of Henry Thoreau

梭罗传

〔英〕亨利·索尔特 著

贾辰阳 王锦丽 译

前　言

有必要解释一下这本梭罗传记与1890年在本特利发行的初版传记之间的关系。初版传记只在英国发行，当时除了《瓦尔登湖》之外，梭罗的作品很少为人们所知，书中的一些引文摘自梭罗的书信、日记和远足笔记，这些材料对于英国的大众读者来说等于是增加了理解的难度。在本书的新版之中，为了适合大众的要求，作者对篇幅进行了删减，略去了很多这样的段落；但另一方面，我也能借此机会做出一些重要的更正和增订——感谢F.B.桑伯恩和其他美国朋友的热忱帮助，在过去的五年里，他们给我提供了大量的信息。尤其要感谢密歇根安娜堡市的S.A.琼斯博士和康科德的A.W.霍斯默先生，我从他们那里获得了最友善的帮助和鼓励。琼斯博士提供了宝贵的参考书目，带着同情心和洞察力做了不少工作，并赢得了所有梭罗弟子的感激；出于个人的义务，我冒昧地将此书献给琼斯博士。

亨利·索尔特

目录

第一章　生于康科德　001

第二章　"大自然的单身汉"　029

第三章　三年蓄艾　059

第四章　归隐瓦尔登湖　081

第五章　梭罗其人　111

第六章　以文学为职业　139

第七章　去远方旅行　163

第八章　"一生只有一世"　181

第九章　看穿生命的外壳　207

第十章　我手写我心　231

第十一章　被误解的天才　253

后　记　273

第一章 生于康科德

矫饰与自然

在现代文明所面临的种种险象中,最危险、最微妙的那些可以用一个词概括,即矫饰(artificiality)。随着生活变得越来越复杂,人们与荒野自然渐行渐远,坚毅和独立的品格也随之丧失——个性在萎缩,对环境的掌控在减弱,诚恳的言谈和正直的行为变得稀有,对主导命运和自我的信心在削弱。鉴于人类生存条件的大幅度改善,这些或许只能算是进步连带的弊病;但其危害之深已不容忽视,也不容我们忽略任何扭转情势的可能。

当今时代见证了物质财富的急速增长和机械发明的日新月异,同时,这巨大的进步也使得罪孽更加深重,救赎愈显迫切。一个世纪以前,那些生活在世纪之交的人们或许会预想(有些人肯定曾预见过)即将到来的文明的纷扰,五花八门的娱乐和焦躁不安的忙碌,同时怀疑这种广泛流行的弊病是否会自行找到革新的出路。社会必须与素朴绝缘吗?智识与荒野必然不可调和吗?精神文化的增益只能以身体感官的退化为代价吗？与大自然的完美交流是不可能的吗？

或者会出现这样一个人，他能够以自己的性格——无论这种性格有怎样的缺陷和局限——向我们展示，人们依然能够过一种有益的生活，就像古希腊的斯多葛派竭力而为的那样，与自然和谐相处，生活在绝对的沉着和宁静之中；尽管困难重重，也要带着毫不动摇的决心追寻自己的理想；简化生活，澄澈感官，以便掌握大自然之书的内在奥秘——这是一本大多数人从未读过，也读不懂的书。这样一种期许在亨利·大卫·梭罗的生活和性格中得到了完满的实现。

亨利·梭罗的出生

1823年，一个叫约翰·梭罗的人带着自己的妻子和四个孩子，生活在马萨诸塞州的康科德，他是一个以铅笔制造为职业的人。他的父亲是一个拥有法国泽西家族血统的富裕人家的小儿子，1773年从圣赫利尔移民到新英格兰，娶了一个苏格兰妻子，在波士顿做贸易生意，1801年在康科德去世[1]。

约翰·梭罗，在1823年时正好36岁，起初以贸易为生，

---

[1] 据说梭罗这个名字在几百年前的游历编年史中颇为常见，菲利普·梭罗和玛丽·勒加莱是亨利·梭罗的曾祖父母。这个家族在泽西和新英格兰都已经不复存在。

第一章　生于康科德 | 005

约翰·梭罗
1787—1859

辛西娅·丹巴·梭罗
1787—1872

海伦·梭罗
1812—1849

约翰·梭罗
1815—1842

大卫·亨利·梭罗
1817—1862

索菲娅·梭罗
1819—1876

梭罗一家 (1817—1862)

但是做生意亏了本，把从父亲那里继承来的财产也折了进去。近来他开始留意铅笔制造，这种生意在十来年前被引入了康科德。靠着制造铅笔，他不仅生活富裕起来，而且还因为出色的手艺而颇有声誉。那些认识他的人这样描述道：小个子，沉默寡言，步履缓慢，一个谦逊的男人，绝对真诚可靠，大部分时间都埋头在自己的生意中，一旦有被人邀请的机会，也会显得非常友好，与人交往融洽。他的妻子，闺名叫辛西娅·丹巴[1]，性格迥然不同，就像其他家庭成员一样，她非常出色，风趣幽默、机敏活泼；她个子高挑，相貌俊秀，为人机智；天生一副好嗓子，很会唱歌，经常以滔滔不绝的口才主导谈话。

亨利·大卫·梭罗是这对夫妻的第三个孩子，1817年7月12日生于康科德的一个老式房屋里，四周围绕着让人愉悦的果树园和泥炭草地，并且紧邻着一块叫"贝德福德平原"的开阔地面。就在这个房子里，梭罗的外婆米诺特夫人，曾经住过8个月；然后又在村子外围莱克星顿路上的一个房子里

---

[1] 她的父亲是阿萨·丹巴牧师，来自新罕布什尔州的基恩城，1787年去世，其遗孀后来嫁给了康科德一个叫米诺特的农民。梭罗夫人的一个弟弟叫查理斯·丹巴，他有丹巴家族的特点，天生机智，行为怪癖，与众不同。查尔斯·丹巴过着一种奇怪的流浪汉生活，在不同的城镇到处漫游，由于言语诙谐，会表演魔术，且擅长摔跤，在小酒馆中声名远扬。

住了同样长的时间。1818年，亨利·梭罗的父母离开过康科德5年时间，起初住在10英里远的切姆斯福德镇，而后又迁到了波士顿，在这里，亨利开始上学。但是，因为生意在这两个地方都不红火，他们于1823年又搬回了康科德，此后就一直在这里安家了。然而，他们怎么也不会想到，康科德和梭罗的名字在将来的岁月中会不可分割地联系在一起。

康科德

康科德坐落在波士顿西北20英里之处，与新罕布什尔州的首府同名，所以一定要区别开来。在亨利·梭罗的童年，康科德是一个大约有两千居民散居的小村镇。这里又叫马斯基塔奎，曾经是印第安人的古老定居地，不管是此前还是之后，这里吸引人的地方在于马斯基塔奎周边或者"草地"河附近的丰茂草坪。"当我踏上康科德的土地"，梭罗后来在日记中写道，"我忘记了此时的康科德就是曾经的马斯基塔奎。在田地的任何地方，在玉米地和庄稼地里，都散落着这个族群的遗物，但他们已经完全消失，就像是被踏碎在了泥土中。无论往哪儿走，我都踩着印第安人的足迹"。

1635年，马萨诸塞的殖民者从印第安人手中买下了这片土地，将它变成了第一个内陆种植园；因为这次定居以和平

梭罗的出生地

方式进行，便以"康科德"命名这片土地[1]。19世纪初的康科德虽然不像后来那样，因为与一些文学大家的名字相关而闻名天下，却也并非寂寂无声；因为，1775年，这里打响了美国独立战争的第一枪，英国军队在进行了一些散乱的战斗之后，就被"造反"的农民给赶走了。1824年，拉法耶特[2]访问了康科德，在战争结束了半个世纪之后，这里举行庆典纪念独立战争第一枪，据说，梭罗也在场，当时他还是个7岁的孩子。

康科德的居民大部分都是务农人员——健壮的农民，生活在舒适的旧式田园之中；不过生意人和机械工也随处可见；由于康科德坐落在新罕布什尔高地和波士顿港口之间的公路旁，在一定程度上也算是个贸易中心；那时候，它还是乡村巡回审判的固定地点。坦诚而又自然的平等是康科德社会的传统特点，巨富和赤贫在这里都很少见；这里的人们是真诚而又勤俭的公民，虽然在生活方式和行为方面不尚浮华，但对文学和学问却相当珍视，因此便摆脱了赤贫或奢华招致的罪

---

[1] "康科德"音译自concord，是"和睦""和谐"的意思。——译者注

[2] 拉法耶特（de Lafayette，1757—1834），法国贵族，志愿参加美国革命的第一人，1789年法国大革命时则出任法国国民军总司令，起草《人权宣言》和制定三色国旗。由于参加了美国独立战争和经历了法国大革命，被称为两个半球的英雄。"一战"中，美国参战时有一个著名的口号就是"拉法耶特，我们来了！"——译者注

恶；康科德著名的家族——霍斯默家族、巴瑞特家族和海伍德家族——将他们纯正的品格保存了下来，并代代传袭。

梭罗出生的时候，康科德有两个名流人物，此后很多年也是如此，其中一位是黎普列（Ripley）博士，他是唯一神教派[1]的乡村牧师，生活在"古屋"之中，后来作家霍桑（Hawthorne）也住过这个"古屋"；另一位是塞缪尔·霍尔（Samuel Hoar），曾经是参议员，在他的性格中体现了新英格兰最好的品质：尊严、正义和素朴。黎普列博士古雅、幽默，还带点家长作风，半个多世纪以来在康科德一直被教众视为亦师亦友的牧师，在所有他们关心的事情上，均会向他问询建议或请求帮助。亨利·梭罗是黎普列施洗进入唯一神教会的众多康科德孩童中的一位，这位慈祥的牧师对梭罗后来的成长关爱有加。

居民、风景、气候和传统

康科德自然风景的主要特色便是山林与河流；关于她的描述是这样的："村子被一片片树林和草地环绕着，林地间交错着幽静、便捷的人行小道。"水流缓慢的马斯基塔奎河与

---

[1] 唯一神教派是从遍布于新英格兰地区的公理会教会衍生出来的，否认"三位一体"，是神学上较为自由开放的教派之一。——译者注

水流湍急的阿萨伯特河在村子北边合流并形成康科德河,它们都因霍桑和梭罗而化为永恒。梭罗说:"河流是康科德草原缓缓的动脉,悄悄地穿越村镇,几乎听不到它的一声低语或心跳;它从西南蜿蜒向东北,长约 50 英里;充沛的河水在大地的平原和山谷中不停地奔淌着,随着印第安战士鹿皮鞋的足迹,匆匆地从高地奔涌向大海。"[1] 关于阿萨伯特河,霍桑的权威描写如下:"循着与康科德河交汇处上行一英里,地球上再也没有比它更可爱的河流了,什么地方都找不到,除非是搜寻诗人内心的想象空间。"至于值得一提的湖泊,村子南边有瓦尔登湖、沙地湖和怀特湖,村北有百特曼湖。由于一年通常有两季多雨,大雨过后,河流与紧邻的低洼地段便被洪水连接成了一串浅湖滩;以至于康科德的所有地方都在一定程度上与河流或湖泊为邻。

康科德不但水源丰富,植被也很茂密,沙土地上的任何一个方向都可以看到浓密的树林,橡树、松树、栗子树、枫树,以及其他各种森林植物比比皆是,直到今天还保留着几分原始蛮荒的风貌。"在渥太华上部支流无人打扰的宁静之中",一个康科德的到访者[2]写道,"我没有见过比瓦尔登湖

---

[1] 参阅《河上一周》的前言,可以与霍桑在《古屋青苔》的描述进行对比。
[2] 格兰特·亚伦:《半月评论》,1888 年 5 月。

周边的森林更加蛮荒的地方。没有人家,没有农场,没有一丝生活的迹象或是文明的占领,只有清一色蛮荒的森林在无尽绵延"。

环绕康科德的那些山丘——阿努萨克山、耐肖塔克山、保尔山、不利斯特山等——都不算高;但是,这些山视野很好,向西、向北能够看到更高的山脉,比如沃楚西特山、莫纳德诺克和新罕布什尔的怀特山。

一个作者[1]惟妙惟肖地描述道,

> 梭罗的家乡,将广阔的效果和单纯的元素在风景艺术中很好地"谱写"在一起。这个安静的村庄让人看上一眼,就会感到满满的幸福。实际上,这里的资源是无穷无尽的,自然主义者无疑会喜欢这里。英国的风景是被"驯化"过的,而这里却是一片蛮荒。携带燧石刀和箭头的印第安人的传统和记忆尚在,地上是缤纷的野花,空中是各样的飞鸟。村上的树木高耸入云,草坪开阔畅荡——还有小河,安静到几乎停滞的地步,但水流又足够保持河水的清澈,有些地方长满了水草,另一些地方则是一簇簇浓密的水莲,河岸上绿草如垫、绿树成

---

[1] 署名"A. L.",《纽约晚报》,1890年10月10日。

荫，野花和蕨类植物点缀在其中，此外，河岸上偶尔会有几块石头突兀而出，或者是向外扩展并形成一片宁静的湖泊——这些便是梭罗村庄的主要元素。必须要说说干净的沙土地，清水能很快从沙土中渗出，留下一条小径，脚踩上去很舒适。接下来是低一些的山丘、沼泽、湖泊和森林，它们是适合各式各样的野生植物生长的故乡。气候的影响也要考虑在内。康科德这一小片地方，尽管能感受到20英里之外的海风，但却稍稍避免了冷峻的东风的摧残。夏季的时候，白天虽然炽热似火，但夜晚却清凉怡人；秋季有长时间的晴朗天气，明丽而又凉爽。冬日里，变干的土地使得这里的道路看起来要比其他地方更开阔，让人心情愉悦，一年四季走起来都很舒适。

梭罗的童年

亨利·梭罗就在这样的环境和风景中成长，并形成了他关于社会和自然的最初印象。从一开始，他就习惯于艰苦的户外生活，6岁的时候，就像村上其他的孩子一样，光着脚丫子赶着家里的奶牛到草地上去啃草。他的童年娱乐中没有课堂游戏和体育运动，但是，早在10岁或12岁的时候，他被允许扛着钓鱼竿或鸟枪，到最原始和宁静的河流或森林里去，这是新英格兰孩子的一项习惯。河畔对年幼的梭罗就有特殊的吸引力，他的一个童年回忆便是游览瓦尔登湖，随之还激发了他定居那里的愿望。当他大一点的时候，梭罗很喜欢与同学们一起到康科德河里游泳和划船，以至于他对这条平静河流的所有石块和环境都了如指掌。不时会有消息像野火一样传开，说有一只河船，装满了石灰、砖头或是铁矿石，正在河面上神秘地滑行，村上的孩子便蜂拥而出，好奇地注视着这些"传说中的艄公"，他们悄然而来，又悄然离去。更有趣的要数那些仅存的印第安部落每年的到访，这些丰茂的草地原本属于他们的祖先，而今他们在草地上支起帐篷，在那里穿珠子、编筐子，或是邀请康科德的年轻人与他们一起划印第安人的独木舟。

我们感到奇怪的是，亨利·梭罗小时候害怕雷电，碰上电闪雷鸣他就钻到爸爸怀里寻求保护；其实，很多与他小学时光有关的轶事都表明，他是一个勇敢、自立、言辞简洁的孩子，而言辞简洁正是他后来的卓著特点。3岁的时候他了解到，就像宗教传习册上的圣贤一样，他有一天也会死亡；然而得知这个消息时，梭罗却非常沉静，并且坚定地说他"不想去天堂，因为不能带着自己的雪橇一起去；伙伴们都说他的雪橇没有裹铁,所以一文不值"。这是典型的拒斥天堂的借口,只因为梭罗猜想,天堂是个过度关注事物外表的地方。

当被指责拿了其他孩子的小刀的时候,梭罗简洁地回答说:"我没拿。"不做任何过多的辩解,直到最后找出了真正的犯错者。当真相大白,人们自然要问他为什么不及时为自己辩解,他的回答仍然是:"我没拿。"10岁的时候,他曾经挎着一篮子宠物小鸡到开旅店的那家邻居那儿去卖,那家人为了快点儿把篮子还给他,就当着梭罗的面拎着小鸡的脑袋,一个一个拿出来,他很生气,但还是忍着没有出声。此外,他的沉着已经为他在小学同学中赢得了"法官"的称号;不过,梭罗言谈和著作中所表现出的卓越的聪明才智,在这个时候似乎无迹可寻,至少没有早期记录的事例能表现出这些品质。

家传和社交的影响

关于梭罗的家传这个重要问题,S. A. 琼斯博士的《梭罗的遗产》一文中的描述非常生动,我们引述如下:

> 他的遗产包括家族的恩赐,这是一个梭罗的传记作家迄今为止没有关注到的重要因素。一个绅士曾经在梭

罗兄弟管理的小学待过,他在给我的信中这样写道:"亨利·梭罗并不是同辈中出类拔萃的苗子,但也不是像很多人想象的那样是凭空出世的。梭罗家的孩子们对于植物学和自然史的显著偏好和热爱有着充分的、可信的理由。在不同的季节,在阿萨伯特河边、美港、里士山、瓦尔登湖或在别的什么地方,人们常能看到约翰·梭罗和他的妻子畅享自然的乐趣;而这也没有影响他们的日常生活和工作。的确,这对夫妇太喜欢在大自然中漫步了,以至于他们的一个孩子差点就出生在里士山中他们常去的一个地方。这位父亲是个谨慎、低调的男人,善于观察,做事用心且有条理,这给他带来了出色的业绩。他的印花纸和铅笔是市场上质量最好的,但他的擦炉粉和电铸石墨,据我所知,却一直不怎么样。他是位法国绅士而不是美国佬,你一旦获得了他的信任,就会交下一位精明和善的朋友。如果没有不速之客在近前,这位平日沉默寡言、天生喜欢"埋头做事"的男人,就会在他的商店里与你坐在火炉旁,亲切愉快地交谈。[1]

亨利身上的撒克逊人的优势以及性格中的母性特质,镇

---

[1] 《内陆人》,1893年2月。

上的人们看得很清楚。他是个地道的新英格兰人，对于自己是康科德的"土著"这一点颇感自豪。"我想，对于认识梭罗夫人的人来说，给他们留下印象的那些特征"，一个与她交往亲密的人说道，"是她的活泼和博爱。她是个出色的家庭主妇和母亲。在贫困中，她也能够为孩子成长提供所需的舒适，即便只有一把面包屑，她也要确保物尽其用。无论多么贫穷或繁忙，她总能找到方法去帮助那些比她更拮据的人们。"[1]

我们看到，梭罗身上最好的那些品质都要归功于他的父母——他继承了母亲的机智和对自然的热爱，父亲的冷静、理智和勤奋，并将两种截然不同的品质协调统一起来。"安静的约翰·梭罗与活泼的辛西娅·丹巴的婚姻是幸福的（人们的确如此说），他们有着不同乃至相反的个性，一方是实在的品德，一方是素朴的习惯；体格没有因奢华而羸弱，心灵没有因沾染社会的虚伪而变得世故，他们成了家，将平凡的灶台变成了燃香的神龛，为子孙后代带来祝福。"必须要提示一下，他们抱着巨大的热忱投入到废奴运动中，当这件事情在马萨诸塞州备受争议的时候，他们甘愿将自家的院子用作

---

[1] E. M. F. 撰文，载于《波士顿日报广告刊》，1883年2月18日。本书第一版中没有给予梭罗的父母应有的关注，我为此而感到愧疚。

废奴主义策划者的聚会地点。

梭罗家的其他年轻成员也都拥有着非同寻常的意志力和严肃的个性。他的姐姐海伦和哥哥约翰，分别比亨利大5岁和2岁，有着诚挚且可爱的天性；他的妹妹索菲娅也是如此。那些与他们交往亲密的人说，他们每个人都有显著的、独特的个性。在这个时期，新的观念正在美国社会渗透，为即将到来的社会和思想觉醒做着心理准备，而梭罗的家人已经因为他们的博爱、亲切和毫无矫饰的素朴生活而赢得了邻居的广泛尊重。

进入哈佛大学

此处有对梭罗的一个早期描述。应该是在1828年，开了一个"康科德学术辩论会"，1828年11月5日的秘书报告中这样写道："选取辩论的讨论题如下：若要在学校成为一名出色的学者，良好的记忆力是否比良好的理解力更值得青睐？E.莱特持正方观点；亨利·梭罗持反方观点。正方辩手，出于疏忽，根本没有为辩论做任何准备，而反方也差不多。结果，在无人继续发言的情况下，主席裁定反方获胜。主席的决定以四票优势获得了多数人的支持。"

1833年，16岁的亨利·梭罗进入了哈佛大学。[1]他住在霍里斯楼的一个宿舍里，按照他的一本书中的备注，他在这里感到颇为不便，"邻居又多又吵，还有四楼的住客"。在康科德"学院"[2]，他已经为大学做过预备，那是一所出色的学校，因其成功的希腊语教学而闻名。在那里，梭罗已经显示出对经典作品的强烈爱好，他的阅读并不局限于课程的规定，而是开始广泛阅读英语文学。他在哈佛的花销很成问题，因为家里面的收入非常有限；然而，这个困难被克服了，部分是因为他的减省和节约，部分是因为姨妈和姐姐的帮助，那时他姐姐已经是一名小学教师了。

在大学假期里，他带过小学生，在好几个城镇协助过小学教学，其中一份工作是在波士顿附近的康顿。1835年读大二的时候，他跟一个名叫布朗森的牧师住在一起，并跟他学习德语，同时在"社区小学"教学。他在哈佛的生活也得

---

[1] 他在哈佛入学时注册的名字是受洗时的名字，大卫·亨利·梭罗；后来又把更熟悉的名字放到了前头。

[2] 第二章对康科德"学院"有所介绍，提到"这所私立小学是由康科德村的头面公民于20年前建立的，梭罗自己也曾经在这里接受教育"。——译者注

到了未来的朋友爱默生[1]的帮助。爱默生于1834年来到康科德生活，他的祖上有好几辈人都在这里从事教会工作。据猜测，爱默生曾经和黎普列博士在一起待过，后者介绍梭罗是个有前途的学生。似乎就是通过爱默生的善意斡旋，这个年轻人在大学的受益人基金中获得了一小笔的经济资助。

性格和相貌

幸运的是，我们从他的一个哈佛同学的文字中找到了关于梭罗的个人长相和生活方式的形象描述[2]。他在同学中毫不起眼，很少同他们一起学习或娱乐，常常避开大家的牡蛎晚餐和饮酒派对，当学校纪律暂时被"造反"打乱时，他时不时会神秘地从现场消失。

据一位大学同学回忆：

> 他有些冷淡、冷酷。他碰到你的手是潮湿的、毫无感觉的，当看到你伸出手的时候，他手中似乎已经拿了

---

[1] 拉尔夫·沃尔多·爱默生（Ralph Waldo Emerson，1803—1882），确立美国文化精神的代表人物，新英格兰超验主义最杰出的代言人。美国前总统林肯称他为"美国的孔子""美国文明之父"。代表作品《论自然》《美国学者》。——译者注

[2] 约翰·维斯牧师：《基督教调查》，波士顿，1865年7月。

什么东西，并用这东西同你握了手。当他迈着沉着的印第安人的步伐从学校的大厅走过时，那一双明显的、灰蓝色的眼睛似乎在道路上寻摸，目光就落在脚尖之前。他对其他人并不关心；班级同学与他似乎很遥远。虔诚的家庭给他悉心准备的怪里怪气的外套裹在身上，但并没有时常萦绕着他的梦幻裹得更紧。思想还没有唤醒他的表情；他显得沉静，毋宁说沉闷、沉重。双唇尚且没有显示出坚毅；嘴角可以说是隐藏着一种自鸣得意的满足。现在清楚了，他是在准备展望未来的景象，带着深深的沉着，也带着对于未来之重要性的自我欣赏。他的鼻子很突出，但前倾的弧度在上嘴唇并没有显露出刚毅，我们记得他看起来就像是埃及的人脸雕像，特征突出，但略显忧郁，一丝不动地固定在神秘的自我主义之中。他的眼睛有时候就像是在搜寻什么，俨然是丢了什么东西，他试图要将它找出来。事实上，他的眼睛很少离开地面，即便他是在与你进行着最真诚的交谈。

听到人们用"学院生涯"来形容他默默无闻、波澜不兴的大学生活，他会露出微笑。那些成功的学生获得很多学校颁发的荣誉和奖励，他并没有那样突出。他私下里的个人兴趣几乎没有什么值得回忆的，只记得他有好多本诗集,从高尔和乔叟,一直到伊丽莎白时代。在这个宝矿里,他满怀热情地平静工作着。

他的这位同学既没有将他的冷漠和自闭,归因于狂妄和傲慢,也没有归因于羞涩胆怯,而认为是出于一种素朴的"自满"。虽然这"自满"非常自然也不可避免,却使得梭罗不能融入哈佛的环境中去。他的自满"与他的不优雅完美配合在一起,这是他私人生活的核心部分"。我们将会看到,这种对于自我生活的坚定的关注是成熟时期的梭罗的关键特征,有趣的是,这么早就已经萌发这种苗头了。

"在大学里,梭罗没有给大家留下任何深刻的印象",他的另一个同时代人[1]说道,"他远远不是出色的学者,没听说过他有什么文学爱好,也从来没有给学校的期刊《哈佛戴安娜》投过稿;在本科生的任何科学或文学社团里他都不显眼,并且,个性不喜社交,索然离群于同班同学之外。在他毕业的时候,我想几乎没人会想到他将来会有什么出息。"

与此相反,我们必须要拿出梭罗所在班级的历史研究者亨利·威廉姆斯的文字,他在1887年写道:"撇下他自己对于上大学的记述,还有我们从他的一些传记作家那里获得的印

---

[1] D. G. 哈斯金斯牧师:《拉尔夫·瓦尔多·爱默生》,波士顿,1887年。

象,即梭罗受到过学校领导的处分。他在班上保持着相当不错的排名,并且在毕业的时候,还参加了一个关于'现今时代的商业精神'的会议。"[1]这可算作一项荣誉;也没有理由相信梭罗参加过任何"造反"和其他类似的学生不轨行为,尽管有时候存在这样的暗示。

然而,我们可以相信,此时的梭罗已经展现出自身强烈的个人主义倾向;实际上,青年时期的梭罗已经是一个无畏的思想者,敢于质疑各种各样的社会和宗教问题——这种品质很难让英明正确的学院领导满意。不过,他的诚实和高尚得到了广泛的认可;而且他一开始似乎就在践行着一种素朴而又节制的生活方式。"他是如此智慧地从大学这口泉水中汲取养分",好友埃勒里·钱宁说道,"因为他既没有放荡堕落,也没有用香烟和咖啡自掘坟墓——这是两种让人麻痹的完美手段"。梭罗自己说,他从来没有抽过比烤干的百合茎更毒的烟,模糊记得自己成年之前曾经沉迷于此,从中获取快乐。

大学教育的评价

有人说梭罗从大学中受益不少;但有保留地接受这种说法似乎更为稳妥。的确,在寻常的意义上,他的大学生活算

---

[1] 亨利·威廉姆斯:《1837级备忘录》,波士顿,1887年。

不上"成功",但他毕竟成了一名古典学者,并且梭罗至少从一个教师即钱宁教授那里收获了不少学术上的助益,而钱宁教授的侄子埃勒里·钱宁(Ellery Channing)成了他最亲密的好友。在1843年的一封信中,梭罗说他从大学中学到的是"表达自我",而这一点对梭罗来说无疑是重要的收获。但从总体而言,我们可以稳妥地得出结论,梭罗从大学生涯中获得的益处主要是间接性的,他从实际的课程教学中学到的显然没有从广泛阅读和自我培养中收获的更多。

同时,在哈佛生活期间,他对于户外生活和开阔空间的热爱和追求丝毫也没有减弱;他是个勤奋的学生,既学习修辞学、数学,也学习自然史,对于印第安人的遗迹的崇敬不亚于其对于希腊古典的热爱;如果我们愿意采信他后来写给班级秘书的信,就更能证实这一点。

尽管就身体来说,我是哈佛大学的一员,但就心灵和情感而言,我已经回到了遥远的童年的场景之中。那些本该用来读书的时光,我都花在了故乡的森林和河流湖泊上,在那里游荡、探寻。在斯道夫顿或霍里斯楼上,被四面古典而又灰暗的墙壁围困着,我的精神却渴望着与那位几乎被遗忘的老朋友交流,即大自然。

年轻梭罗的肖像

据说他的第一次野营的经历是在大四的时候，那次远足他去了林肯湖，距离瓦尔登湖有几英里远。陪同他的伙伴是斯特恩斯·惠勒尔（Stearns Wheeler），此人在康科德和哈佛都是梭罗的同学，不幸于 1843 年早逝，梭罗在一封信中深表哀悼。

早期的理想主义倾向

毫无疑问，正是在其带有神秘色彩的自然崇拜的伦理原则之中，梭罗才在思想成熟的道路上有了长足的进步。我们听说，他在早年，也许就是上大学的时候，已经下定决心"不读书、不散步、不经营，而是要竭尽全力表达自我；并且在大部分生命时光中就这样生活下去。"在 17 岁的时候，他已经确信"记录个人思想、情感、学习和日常生活"的好处，目的是要"给自己的心灵清帐"——随着岁月的增加，他的这种内省的倾向也越来越强烈。同时，他性情中浓重的理想化因素也在清晰地发展着；当他还是个孩子的时候，梭罗就曾这样写道："我们会对无限、崇高、不可理解的事物产生崇敬之情，促使我们自发敬拜的那些原则奠定了我们的宗教的基础。"

梭罗告诉我们说，他的一大乐趣就是独自享用一个小小的哥特式的窗户，俯视着父亲院落后面的花园，这个花园就在康科德的主街道旁，尤其是在礼拜日的午后，梭罗喜欢在那里平静的独自进行沉思。梭罗对哥哥约翰非常依赖，经常一大早同他散步到"悬崖"上，一处耸立在康科德河之上的山脉，在那里可以观看日出，看太阳在广阔的美港湾上升起。

梭罗对康科德的热爱已经成了一种固定的、无法改变的情感，这种情感有时候也会违背他自我压制的本性，以一种多愁善感的、更加柔和的方式表现出来。在他还在读大学的时候，有一天，他问自己的母亲希望他将来选择什么职业。她回答说，他可以收拾行囊，游历四方，到外面的世界去闯荡。听到这个建议，他的眼泪夺眶而出，而他的姐姐海伦刚好就站在旁边，轻轻拥抱着他说："不会的，亨利，你不用走；你将永远待在家里，与我们生活在一起。"这些话应验了，以至于20年后，我们发现他依然生活在康科德，在写给朋友的一封信中，他说自己有着"待在家的真正天分"。

第二章 「大自然的单身汉」

康科德"学院"

梭罗离开大学的时候20岁出头，他心里思考的第一个问题自然是选择一个可以维持生计的职业。就像其他家庭成员一样，他成了一名教师，我们知道，这个职业他在大学假期里曾经尝试过。

1838年春天，他曾经到过缅因州，他母亲有亲戚在那里，梭罗是为了教育职位而来，还带着黎普列博士、爱默生和哈佛校长签名的推荐信，他们都高度评价了梭罗的学术水平和道德品行。然而，他这次特别的求职似乎不大成功；因为我们发现，同一年，他又在忙活着帮自己的哥哥管理康科德"学院"，这所私立小学是由康科德的头面公民于20年前建立的，梭罗自己也曾经在这里接受教育。

梭罗在这个职位上干了多久，没有明确的记载，但有一点很清楚，他发现自己的志趣与教学职位完全不合拍；实际上，现在很难想象这位个性的倡导者在督查委员会的监督下履行教师的职责。根据埃勒里·钱宁的幽默描述，导致他辞职的直接原因是体罚问题。他一开始就宣布不使用教鞭,而是用对学生的"道德谈话"来代替惩罚;但过了一段时间,学校委员开始指责这种新方法,并且抗议说教员的过度宽容正在使学校的利益遭到损害:"梭罗先生必须使用戒尺,否则学生就会被宠坏。"

于是梭罗遵行,并用戒尺打过 6 个学生,其中一个还是他家的女佣。但这的确与他的良心不符,他向委员会报告说自己不再参与学校事务,因为他们总是干涉他的做法。梭罗的教学实践一共持续了大约两年时间;后来,因为有更合脾性的事情吸引了他的注意力,他就彻底放弃了教学,开始了他早已注定的、势在必行的职业——研究自然。教师的戒尺被放置到一边,换成了这位诗人兼自然主义者的小望远镜和植物标本。

超验主义运动

我们有必要谈谈梭罗青年和刚刚成年的时候,在新英格兰势头渐盛的一场运动,这场运动对梭罗整体性格的发展产生了显著的影响。超验主义(也就是爱默生所说的,对超越有限感官的纯粹理性的研究,是"感受无限")起源于康德的哲学,在英国的柯勒律治和卡莱尔那里复苏,而今成了美国思想中一种新生和骚动的力量,以乔治·黎普列、阿尔科特(Alcott)和爱默生这些人为主要代表;美国本土很久之前就有超验主义的血脉,体现在佩恩、约翰·伍尔曼等人的寂静派和贵格派的教义之中。新英格兰的超验主义是唯心主义哲学的新爆发;它是宗教、道德、艺术和政治的复兴;这是一个心灵苏醒和精神探寻的时期。

"超验主义运动",洛威尔说道,"是清教徒的新教精神,为了逃避教条和形式而寻找新的出路,这些教条和形式压制了精神,而不是表现了精神"。超验主义者有各种各样的称呼,比如"新颖的使徒"或"实在主义者",他们的目的是从传统习俗回归到自然之中,从矫饰回归到素朴;他们认为所有人都应该既为自己而思想,也为自己而动手劳动;相比于国家和广阔的疆域,他们更加赞赏个人,而这是他们最珍视的目的之一。

超验主义的定义既然如此模糊,犹如蒙了一层迷雾,不用多想,这种思潮的复苏不可避免会有浮夸和荒谬的成分。虽然有些超验主义群体的成员是名副其实的招人讥讽的笑柄,但这场运动的主要目的却不是几声嘲讽就能够让人肃静的,就随后发生的事件来看,这场运动有着充分的合理性。新英格兰的超验主义起源于波士顿,当时,包括爱默生在内的一些朋友在乔治·黎普列家里聚会，后来证明，超验主义是美国文学和政治领域中最强劲的力量。

康科德，梭罗出生和成长的地方，就是超验主义运动的一个中心，此运动的目的是要将其原则贯穿到生活的方方面面；因此，本就倾心唯心主义的梭罗与重视内在觉醒的超验主义一拍即合也就不足为奇了。梭罗的日记、诗作和早期的书信中充满了这种超验主义的声调；在很大程度上也因为他明确地感受到的厌恶之情，即不愿意接受循规蹈矩的生活。

放弃教学

在这种新信仰的激励下，梭罗放弃了教学的职业。在1838年前后，当他还是个小学老师的时候，就悄悄地、坚定地退出了黎普列博士的宗教聚会。这位令人尊敬的牧师恐怕会感到伤心和失望，尽管牧师带着怀疑和警觉审视着超验主义者的信条，但是他发现在自己漫长的生涯接近尾声之时，周围已经充斥着这样的思想了。

梭罗这个年轻的脱离主义者还冒着差点被捕入狱的风险，因为他拒绝交付教堂税，理由是他搞不明白为什么教师要资助牧师，而不是牧师资助教师。这次纠葛的解决办法是梭罗签署了一份声明，证明自己不是任何宗教团体的成员。

要梭罗这样独立且无畏的思想者去固守某种宗教教条是不可能的，因为他心灵中的自然虔敬是如此素朴和真诚。那么，若是为他抱持和践行的信仰找出一个称谓的话，很可能会是"泛神论"。对于美和生命之神圣性，梭罗可谓是登峰造极的狂热的崇拜者，正是在这种对于大自然永恒之良善的本能信仰之上，梭罗奠定了自己乐观主义信念的根基，而这将是他哲学的核心部分。

走向自然

在放弃了教学之后，不难想象，选择职业的问题再次因为亲戚朋友的焦急催促而压在这位年轻的狂热者的心头。我们知道，制造铅笔是梭罗家族的固有职业，他在这方面的手艺不错，不管怎样，有一段时间他很用心地做这项工作。父亲约翰·梭罗的秘诀在于制铅的过程。通过使用漂白土和水，磨碎的石墨被制成了膏状物。这种配制是梭罗家的秘方。膏被压成薄片，切成条，再进行加热。直到铅笔制造停业很久之后，梭罗还制造过研磨石墨。据说在完全掌握了这门生意的秘诀之后，他还因为自己出色的手艺而获得过波士顿正式的鉴定协会颁发的证书，朋友们则恭喜他铺就了财富之路——他却突然宣布永远不再制造铅笔的想法，因为"他不愿意重复做曾经做过的事"。无论是真是假,这则轶事非常符合梭罗的风格,以突发奇想的形式表达自己最严肃的信念。

借着洞穿传统习俗之外壳的犀利的洞察力,梭罗发现熙熙攘攘的商业生活中所谓的"利益",从真正的意义上来说,可谓是无利可图;对闲暇的需求与对忙碌的需求相比,具有同样的重要性和正当性;变富的最可靠的方法是减少需求;用他自己的话说,"一个人的富有程度与他所能够放弃的事物的数量成正比"。一旦有了这样的想法,他怎么会像其他年轻人那样,在生命的起步阶段,就一劳永逸地宣誓从事某种单调的职业,为了想象中的"舒适"而放弃生命实质性的幸福呢?

后来,当有人出于善意建议他说,既然没有明确的职业,不妨去尝试经商活动,他带着感叹回答说:"不,不!在航行的这个阶段,我并非没有工作。说实话,当我还是个小孩子,在家乡的港口闲逛的时候,我看到过征召身体健康的海员的广告,一旦成年,我就会登船。"这种事业正是对荒野自然的研究;他要忙碌的"事业",用他自己的话说,就是成为一名职业的散步者或者"漫游者";每天至少花一半时间在户外;去看日升日落;去听风的吟哦;去获取森林和山岗上传来的最新消息,成为一名"自封的暴风雪和暴风雨的观察者"。这些工作,梭罗后来说,他都忠实地、如期地完成了;如果朋友感到失望的话,梭罗是绝不失望的。这是他在《祈祷》中写下的诗句:

> 伟大的上帝,我所向您企求的最卑微的恩赐
> 就是请您不要让我愧对自己
> 让我在行动中尽情展翅高翔
> 就像现在,能够用清澈的眼睛洞察世相
> 然而,在价值方面,也望您不吝仁慈
> 请您让我使朋友们失望至极
> 无论他们怎样思考、怎样希望
> 他们做梦也想不到,您已使我成为别样

然而,梭罗的"漫游"没有懒散的成分;他不允许自己依赖别人的劳动来生活;因为他知道,人们生命中最重要的一个问题就是"怎样谋生,每天吃的面包有多少是自己靠体力或脑力赚来的,多少是父母给的,多少是巧取豪夺的"。对于自己选定的终身职业,他带着不倦的勤奋和不息的热情投入其中,此外,只要机会合适,他就会身体力行参加劳动,(引用他自己喜欢的那个例子)就像阿波罗为阿德墨托斯

服役那样[1]。

在他成年后的前十年中，即1837年到1847年间，他主要通过手工活来赚取所需不多的生活费，由于技艺超群，他能够轻松应付。虽然他年轻时曾经发誓要放弃这职业，但梭罗生命中大部分时间都在从事家族的铅笔制造生意，时不时就会去帮助父亲和姐姐。土地勘测是他偶尔从事的另一项工作；同样，因为他对康科德的山坡和林地十分熟悉，并且测量精准，他的工作受到了高度的赞赏。

最早的作品

也是在此时，他开始留意演讲和文学创作，尽管起初只是蜻蜓点水式的尝试。他演讲的第一个主题是"社会"，于1838年4月在康科德的"文化会馆"主讲，此后他几乎每年都在这里进行演讲。在哈佛大学住的时候，他就经常阅读诗歌，熟悉查麦兹（Chalmers）的诗集，并且了解一个颇有古香古色之风的诗歌流派，而他的同学和同辈对此则全然不晓。赫伯特（Herbert）是他最喜欢的诗人，在梭罗年轻时的诗作中可以看到他的影响，对于考利（Cowley）、达文南特

---

[1] 阿波罗曾因杀死独眼巨人而被罚为凡人服役1年，宙斯安排他为斐赖国王阿德墨托斯服役，负责放牧羊群。——译者注

(Davenant)、邓恩(Donne)等诗人，他倾力颇多，稍后他还阅读过夸尔斯(Quarles)的作品。他早期诗作中最出色的那首题为《这就是我》，第一阕的文字如下：

> 我是一把徒劳的奋斗
>
> 被偶然之锁链捆绑
>
> 时东时西，晃晃荡荡
>
> 链条被造得宽大松弛
>
> 我想
>
> 适合于更温和的天气

这首诗写在一长条纸上，与一束紫罗兰捆在一起，被他投进了普利茅斯的布朗夫人的窗户里，这位女士与梭罗有书信往来，我们就要说的是，梭罗正是通过她结识了爱默生。

1837年，写作散文的动力开始变得强大，起初是常态化的日记，名为《红色日记》，在不到3年的时间里写了600多页。他系统化地记录了日常散步、探险和沉思，在十分细心地改写和修订日记的时候，梭罗就拥有了一座文学宝库，可以从中直接提取创作诗歌和散文的素材。梭罗向《日晷》投稿时就是这样，在此期间，梭罗的一些朋友于1840年创立了

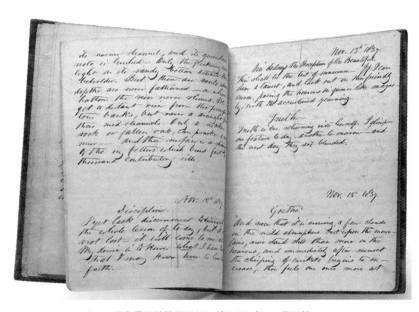

现存最早的梭罗日记,从 1837 年 11 月开始

一个超验主义者活动组织。

青春恋情

此时在梭罗康科德的家里住着一位沃德夫人,她是上校约瑟夫·沃德的遗孀,沃德是在独立战争中脱颖而出的军官。他的女儿普鲁登斯·沃德小姐是梭罗的朋友,在梭罗的第一部著作《河上一周》前面的部分中曾经提到过她。两位旅行者互通消息,谈论哪里有罕见的木槿花。沃德和梭罗这两家人在康科德时期就是老相识了,两家人一直都住在那里;1833年,沃德夫人和沃德小姐来到康科德,起初跟亨利·梭罗的两位姑姑——珍妮·梭罗和玛利亚·梭罗——住在一起,后来住在他父亲的院落中。

由此所导致的事件一定曾深深地影响了梭罗,并且可能提供一把钥匙,借以解读梭罗的一些特别晦涩的作品——他所爱着的这个女孩,据说,也是他的哥哥约翰依恋的对象。这个女孩是艾伦·西沃尔,即沃德夫人的孙女,西沃尔牧师的女儿,牧师在锡楚埃特镇传教。她的弟弟当时11岁,就在约翰和亨利·梭罗管理下的小学学习,17岁的艾伦经常到梭罗兄弟那里去看望弟弟。这些拜访让双方都感到很愉悦,因为梭罗家的四个年轻人都在;他们共同度过了很多愉快的时光,一起在乡村散步、划船,或是朗读、讨论他们感兴趣的著作,这是康科德当时流行的习俗。

结果兄弟二人都爱上了西沃尔小姐;据说梭罗以一种罕见的牺牲精神主动从追求所爱的努力中抽身而出,以避免同自己的哥哥成为竞争者。然而,这并不等于说西沃尔小姐对他们兄弟二人有超出友谊的情愫。在约翰·梭罗死后不久,她就与自己青睐的男人结婚了。此人是一位牧师,他们在一起幸福地生活,可谓白头偕老。

梭罗于1840年在《日暮》上发表的挽歌体诗作题为《同情》,依照爱默生的权威解读,其中包含着一些稍加伪装的暗示,表明了他对艾伦·西沃尔的爱意,诗中"文雅的男孩"实际上是一位文雅的女孩;但是,依照其他人的解读,这些诗是写给她弟弟的——这是一位性情和善、前程远大的孩子,与自己的姐姐非常相像。无论怎样,当梭罗写作《同情》的时候,他心中至少在某种程度上想到过艾伦·西沃尔,也有人说,梭罗写给她的十四行诗有朝一日也许会大白于天下。由于过多地顾虑到礼仪得体,关于梭罗的爱情故事,人们保持着极端的缄默,可是这观念却错铸成了遗憾。事实上,读者大多对这些故事抱有很大的兴趣,这也不会给尚且在世的人们造成伤害,可惜,我们对此知之甚少。《同

情》全诗如下:

最近,我结识了一位文雅的男孩,
他的容貌全然出于美德女神的塑造;
目的是要获得美貌女神的青睐,
后来却被美德女神安置守卫自己的城堡。

我被他吸引时浑然无知,
几乎忘记了承认的勇气;
而今我终于明白,虽然颇为艰难,
我本该爱上他,却爱的太少。

每当我们彼此靠近,
严肃的敬意就将我们分开,
似乎我们都遥不可及,
比初见之时更难畅怀。

永恒也创造不出同样的机会;
我只能在自己的道上行走,孤孤单单,
在悲伤中记起曾经的相遇,

却知道那样的福气,一去不返。

对于梭罗年轻时的情感故事哪怕只了解大致轮廓的人,就很容易理解那种弥漫在其关于友谊和爱情的表述中的调子:严肃、理想化、遥不可及。"从这一新的事实来看",R. L. 史蒂文森先生说道,"这些文字看似冰冷,却也有情感活跃其中。"因此我们就清楚地看到爱默生最初给予梭罗的评价是特别合适的——"大自然的单身汉"。

哥哥约翰

我们有理由相信,梭罗会为了哥哥的缘故而自愿放弃个人的幸福;他曾充满感激地写道,自己的哥哥是"善良的天才""愉悦的精神",因为哥哥阳光乐观的存在,他充满活力且感到安心。两人打小就关系亲密,一起劳动,一起玩耍,结伴漫步在康科德的山岗和林地之中。

正是在哥哥约翰的陪同下,1839 年,梭罗在梅里马克河以及康科德的其他河流上进行了著名的假日旅行,对这次旅行的记述于 10 年后出版,名为《康科德河和梅里马克河上的一周》。在 8 月的最后一天,他们启程了,从康科德的马斯基塔奎河开始,坐着他们在春季时亲手打造的小船,带上了帐篷、猎枪、钓鱼装备和其他各种旅行必需品,沿着康科德这条水流平缓的河流下行,直到他们抵达洛威尔,在这里与梅里马克河交汇,梅里马克河水流湍急、河面宽阔。此后他们沿着梅里马克河溯流而上,与他们刚刚驶离的马斯基塔奎河相比,这条河看起来就像是"一条银色的瀑布,从怀特山脉降落后直奔大海",最后他们到达了几英里外的新罕布什尔的首府,即与他们家乡同名的康科德。在这里他们被迫放弃小船,沿着逐渐变窄的河流在堤岸上徒步前行,并且追踪到了梅里马克河在怀特山脉中的起源点。这是梭罗后来所钟爱的"远足"中的首次行动,他总是从这些"远足"中获益,既收获了健康,也丰富了经验。他们旅行所乘坐的那只小船,后来被霍桑收归所有,并且在《古宅青苔》中提及过。

与爱默生的友谊

我们谈论的梭罗眼下还没有任何非常亲密的同伴,除了他的哥哥约翰,因为他在大学也没有结识任何亲密的朋友,比如那种维持终生的友谊。然而此时,有一段友谊已经开始,无论是就其本身而言,还是就其作为引荐梭罗进入更大的朋友圈的途径来说,都显得极端重要。如前述所述,爱默生于 1834 年定居康科德,并且一度对这个正在哈佛大学读书

比梭罗大 15 岁的爱默生

的小自己15岁的年轻邻居表现出些许兴趣。他们的会面不可能耽延很久,1837年的第一次会面是通过一位女士即布朗夫人的帮助实现的,她是爱默生家的亲戚,又是梭罗家的朋友,年轻的梭罗曾经将《这就是我》的诗作献给她。她从海伦·梭罗那里得知,弟弟梭罗日记中的一篇文章所包含的思想与爱默生近期演讲所表达的观点十分接近,于是布朗夫人就把此事告诉了爱默生,爱默生随后就邀请梭罗到他家去会面。从此便开始了一场持续的对话——在梭罗的余生中从未断绝——这场对话对老少双方而言,都是愉悦的、有益的。"对于这位年轻的朋友,我感到非常愉快",爱默生于1838年写道,"跟我曾结识的每个人一样,他有着自由的、独立的心灵"。

梭罗被接受进入爱默生的圈子的价值,无论怎么高估都不为过,因为梭罗此时刚好能够从中获得最好的助益和鼓舞;它不仅激发出了梭罗性格中潜在的能量,也给予他一个表达和发表自己的思想的机会。

与《日晷》的关系

大家形成了一个共识:应该创立一份作为新思想之喉舌的期刊。在超验主义"研讨会"成员中酝酿过一段时间之后,这项工作于1840年付诸实施,季刊《日晷》创立了,主要由爱默生、玛格丽特·富勒和乔治·黎普列经手管理。就商业的意义来讲，期刊的成功率一开始就微乎其微，因为起初的订阅者的人数很少，一本超验主义的杂志很难赢得大众的欢迎；但《日晷》毕竟是联合新哲学之鼓吹者的工具，能够为很多尚不知名的优秀作家提供一个发声的渠道。

《日晷》自1840年7月创刊，持续发行了4年时间，在前半段时期，编辑任务交由玛格丽特·富勒和乔治·黎普列负责，撰稿人则包括爱默生、阿尔科特、玛格丽特·富勒、黎普列、西奥多·帕克、伊丽莎白·皮博迪、洛威尔、梭罗、埃勒里·钱宁、琼斯·维瑞、W. H. 钱宁和很多其他名气或大或小的作者。《日晷》的全部4卷中，每卷都刊有出自梭罗笔端的散文和诗歌，他题为"同情"的诗歌在首卷中刊出，是梭罗最早以印刷形式呈现的作品。然而，这只是他文学之路上的见习作品，在玛格丽特·富勒任编辑的时候，他的好几份稿子都被拒绝了，富勒给出的诚恳的批评意见是：作品生硬，且有瑕疵。

康科德的住客们

爱默生有4位先祖曾在康科德当牧师，而黎普列博士则是其继祖父——因为家庭的纽带和早期的交往，爱默生与康科德就联系在了一起。而爱默生在康科德的出现，在这个与世隔绝的小镇的历史上绝非一件小事。在 1832 年辞去波士顿的唯一神教派教职之后，他在英格兰待过一年，与自己的第二任妻子莉迪亚·杰克逊小姐结了婚，并于 1835 年在康科德永久定居下来。在这里，他毫无疑问被视为最荣耀的公民，以至于 1836 年当人们要在 1775 年的战争原址上树立纪念碑的时候，爱默生被推举出来在这一时刻致辞，这些诗句从此备受称赞——

> 在横跨洪流的粗朴的拱桥边
> 他们的旗帜在四月的微风中招展
> 这里曾经站立着武装的农民
> 打响的枪声传递给全世界的人

由于超验主义的崛起和爱默生的文学声誉的快速传播，康科德逐渐成为一个有名的地方，成为诗人和哲学家常来的胜地——这就是天才的吸引力；这是这个宁静的村镇新时代的开端，壮实的农民将不再是此地最显著的代表，他们将看到成群的满怀激情的狂热者，从新英格兰各地来到他们宁静的土地上。

然而，比这些骚动的来客更为重要的是工人同志和朋友组成的恒定的圈子，随着年老的黎普列博士从讲道中渐渐退出，他们就聚拢在康科德工人的先知周围。其中最负盛名的那位是阿莫斯·布朗森·阿尔科特，他于1840年带着妻子和几个女儿来到康科德。阿尔科特留着白胡子，又高又瘦，是最文雅、最受人爱戴的人，爱默生给予他高度的评价，所有认识他的人也是如此（尽管他们可能会因为他的神秘主义和缺乏世俗智慧而微微一笑），因为他有着高尚的目标，并且对人类有着毫无私欲的热忱。

两年后纳撒尼尔·霍桑[1]也来了，他是一个更为幽暗类型的神秘主义者，带着自己的新娘索菲娅·皮博迪住进了远离尘嚣的"古屋"，这里曾经是黎普列博士的居所。霍桑的妻妹是才华横溢的伊丽莎白·皮博迪，她当时已经住在康科德；还有玛格丽特·富勒，她是他小说中的杰诺比雅，虽然与光彩照人的女主角相比，富勒的个人长相平平无奇，但她多才多艺，天生富有同情心，再加上自己的学识和天分，她所展示的魅力毫不逊色。她时常造访康科德，并且一待数周，她的妹妹、诗人埃勒里·钱宁的妻子艾伦·富勒也住在这

---

[1] 纳撒尼尔·霍桑（1804—1864），生于马萨诸塞州塞勒姆，美国19世纪文学大师，代表作包括《红字》《古宅青苔》等。——译者注

里,当时钱宁尚在世。这里还住着伊丽莎白·霍尔,她是众多有心的、热心的女士中的一位。上述住客使得康科德变得更加卓越。

包括梭罗在内的这些人就成了超验主义团体的主要成员,康科德是他们的聚会地,毫无疑问,被引荐进入如此卓越超群的团体之中,无论梭罗的个性有多么的顽固,他的思想路径必然会受到明显的影响。早在1840年,他就被全面接纳为圈子的内部成员,该圈子以爱默生、阿尔科特和玛格丽特·富勒为主要代表,他们经常在阿尔科特的哲学"谈话"中露面,地点是在爱默生家里,参加人员包括很多来自波士顿、剑桥和其他邻近市镇的先进思想家。

在爱默生家居住

早在1841年,爱默生就邀请梭罗到他家里居住,此后有两年时间梭罗一直在爱默生家里当园丁。"因为他所干的活儿,他的食宿等于全包了",爱默生记述说,"完全可以说,他是施惠于我的人,是我的医生,这是一个不知疲倦的劳动者,并且技艺纯熟"。爱默生的房子坐落在村边上的波士顿大道旁,方形的院落,建筑牢固。只是地面较低,起初差不多是露天的荒地,但梭罗给种上了一些果树,爱默生后来对此非常满意。

在爱默生儿子最近出版的父亲回忆录中,我们可以找到强有力的证据,证明梭罗所提供的帮助和内心的善意。[1]"作为家庭的一员,他几乎不会惹是生非,生活习惯简朴,但思想高尚,当主人外出演讲的时候,家里有这样一个友善而又健朗的住客,真是太方便了。他能熟练使用工具,在花园和院落里,他的作用和智慧可以尽情发挥。"下面的话似乎暗示,爱默生有时候也会与这个具有矛盾和好斗个性的年轻人产生一点龃龉,"梭罗是,有点难说吧,是温和的",这句话的暗示已经足够了,但这并不与之前的说法产生必然的冲突。

似乎梭罗的哥哥约翰·梭罗这时候也成了爱默生家的住客,并且同样惯性地提供友善的服务。有一次他做了一个蓝知更鸟笼子,放在爱默生家的谷仓上,这个礼物被保留了许多年,爱默生这样写道,"每个夏天里面都住着一个音乐家族,不但装点了这个地方,而且还会唱赞歌"。也是在约翰·梭罗的安排下,在爱默生的幼子小瓦尔多去世几个月前,他们用银板照相法给这个孩子拍了照片。

与埃勒里·钱宁等人的友谊

梭罗与阿尔科特的友谊,虽然没有与爱默生那样亲密,

---

[1] E. W. 爱默生博士:《爱默生在康科德》,1889 年。

超验主义团体的主要成员之一玛格丽特·富勒

却非常忠实而又持久,阿尔科特对于梭罗这位有价值的朋友也心存感激。由于同《日晷》杂志的关系,玛格丽特·富勒与梭罗有交往和通信,对他的性格有着相当的兴趣,并带着习惯性的诚挚和洒脱在书信中表达过这种感想。在拒绝梭罗的一些诗文稿件时,对于梭罗个性的大致轮廓,她这样描述道:

> 他身体健康,不同寻常,目光开阔,为人勤快,气质高贵。他不会给生命设限,也不给大自然的狂野设限;他的实用主义、小心谨慎、禁欲主义或幻想风格,都不是刻意为之。但他还是一座春风尚未光顾的荒山。一个同伴在当前能做什么呢?除非是去过早地驯服这位阿尔卑斯山的守护者。就让他平静地待在故乡的积雪中吧。他是友善的;他会找到能够培养自己的合适工作。那不是一片适合生长玫瑰和香木的土壤,反倒适合生长越橘树、松树或石楠花。

梭罗在同一年结识了另一个人,他们的关系很快发展成熟,变得非常热烈,彼此成为一生中最亲密的朋友。埃勒里·钱宁是唯一神派著名牧师 W. E. 钱宁博士的侄子,也是玛格丽特·富勒的妹夫,他于1841年来到康科德,并在爱默生家附近的一个小屋中住过一段时间。钱宁是个富有天才的诗人,由于其古怪忧郁的不稳定性格,他从来没有赢得周围朋友一直期待于他的那种名声。"如果他拿出那块原生态的金子",在谈及钱宁的才华时霍桑说道,"并在上面留下可以使之流通的铸币印记,那么,世人将因此而受益,而他则获得名声"。

钱宁比梭罗小一岁,两人互相理解,很快就有了强烈的共情感,导致这种情形的事实或许是,两人都站在与社会准则相对立的立场上。钱宁像梭罗一样,对陈规教条相当厌烦,他在大学没有毕业;当梭罗在康科德"学院"教书的时候,他一直住在伊利诺伊荒野中的小木屋里。他对自然和自然风光有着不倦的热情,这种趣味完全与梭罗相契合,一年四季的任何时间,两个人都结伴漫游,一边散步、一边谈话,而康科德的善良村民们则希望看到他们干些更严肃的工作。

约翰·梭罗之死

就在成年后的早期阶段,亨利·梭罗与爱默生、阿尔科特和钱宁这些人建立了持久的友谊;因为一场打击就要降临,若是没有这些友谊,梭罗可能会在迈过积极人生的门槛时变得无依无靠、孤孤单单。我们已经看到,他天生的自制和坚毅的性格使得他能够为了自己深深依恋的哥哥而采取自我牺牲的行为;他年轻时,同伴的死亡将是他要面临的更为严峻的考验。

1842年2月,约翰·梭罗死于破伤风,起因是刮胡子时伤到了手——死亡到来得如此突然,如此沉痛,以至于梭罗在后来的生命中几乎无法忍受提及此事。据说12年之后,当他向一个朋友谈到当时的情形时,变得面色苍白、四肢无力。"在他的哥哥令人悲痛的不幸死亡之后",一个认识他俩的人说,"他似乎在世上找不到可以热爱和倾诉的对象;他对周边的人表现得漠不关心,有时候我想,他甚至是在恨自己"。1849年他在科哈塞特亲眼见到了一艘爱尔兰双桅船遇难的可怕的死亡现场,他表示说,若是看到一具尸体被冲上海岸边无人问津的角落,他就会感触更多。接着他补充说:"一个人一生中只能参加一场葬礼,只能看到一具尸体",这样的言论暗指他自己的亲人的离世。值得一提的是,在他的《河上一周》中,他的哥哥虽然必然会被经常提及,却一次也没有说出姓名。

这次打击使梭罗在对于大自然之永恒良善的强烈信仰中寻找和发现自己需要的抚慰。他写道,"我发现这些事情变得更加奇怪而不是更加悲伤。对于这个不断追问的自我来说，有什么权利悲伤呢？"他失去了自己热爱的每日同去朝圣的伴侣；哥哥的死亡对他的一个影响是，促使他更加强烈地靠近自然研究和超验主义风格的思想；他或许真的曾经处在滑向模糊的神秘主义的危险之中，这种危险一直困扰着一些超验主义者，好在梭罗有着健全的、务实的心灵结构，这种结构既是梭罗的构成部分，也是其唯心主义的组成部分。正是这种良好理智的坚实因素使得他的性格保持了平衡；尽管飞翔在超验主义的迷思之中，也对习惯制度的荒谬性进行嘲讽，但他从来没有与日常生活中本质性的简单事实脱节。

第三章 三年蓄艾

爱默生对梭罗的影响

哥哥1842年去世后,梭罗继续住在爱默生家里,这两人最近都遭受了至亲的离世(爱默生最喜爱的儿子小瓦尔多于同年稍早去世),这无疑将二人的关系拉近。梭罗对爱默生和爱默生夫人都非常尊敬,虽然梭罗也有很强的个性力量,但爱默生为人极具掌控力,所以,他不可能不受到爱默生持久的影响。好几个与他们两人均有交往的人评论说,梭罗无意识间已经习染了爱默生的说话和表情特征,甚至相貌也开始像对方。

有人后来认为梭罗故意模仿爱默生,这种说法简直是"闲扯,而且毫无根据"。梭罗的一个大学同学对于梭罗在这方面的接受性给予了一番描述,我们引用如下:

> 在爱默生于康科德的书房中,我同梭罗偶遇,这是我们离开大学后的第一次见面。我吃惊地发现,他发生了转变。他的身材和大体相貌当然没变;但他的举止、

说话的声调、表情特征,甚至谈话时的停顿和犹豫都发生了变化,他已经变成了另一个爱默生。梭罗读大学时的声音与爱默生没有相似之处,并且我很熟悉那声音,即便是在黑暗之中我也能不费力就辨识出来。我实在是太吃惊了,所以当他们坐在一起谈话时,我就趁机闭着眼倾听,我无法确定到底是谁正在说话。我搞不懂这种微妙的影响来源于何处,但是,当我跟爱默生先生谈话一段时间之后,我发现自己能够并且总是倾向于采用他说话时的方式和声调。[1]

人们所注意到的梭罗身上的这种变化并不完全出于爱默生个性的影响,虽然爱默生的个性无疑是起到唤醒梭罗的最直接因素。就像他的同学后来认识到的那样,在梭罗大学生活涣散和迟钝的外表之下,已经在酝酿着一种强大的坚毅品质,注定会让他拥有超凡的性格,这些品质而今已经全面绽放,既是因为其心灵自然发展的结果,也是因为梭罗赢得了机遇,晋身为卓越的圈子中的一员。"在后来的岁月中",在哈佛时就很熟悉梭罗的约翰·维斯说,"随着果敢和无畏的思想的激荡,他的嘴和下巴显得更加坚毅,眨眼睛的样子潜藏

---

[1] D. G. 哈斯金斯牧师:《拉尔夫·瓦尔多·爱默生》。

着对社会的批判风格"。这是一种切切实实的转变——沉睡的智识之火在觉醒——有人巧妙地指出说,霍桑小说中多纳泰罗的"转变"可能最初就是以梭罗的人生实情为基础的。至于他的社会和伦理思想,梭罗这位 25 岁青年一定某种程度上受到 40 岁的霍桑的感召和影响;但是在所有实质的方面,梭罗天才的新颖性和原创性是不容争议的。

事实上,梭罗是一定程度上影响爱默生的为数不多的人之一。E.W. 爱默生告诉我们,他的父亲"很乐意被这个人引领进入森林之神的圣殿深处,他眼睛明亮,足够真实而且坚定,可以托付所有的秘密"。毫无疑问,梭罗明显地在更为勤勉、细密地研究自然方面,在过一种更为简单、素朴的生活方面,影响到了爱默生。但梭罗与爱默生以及超验主义圈子的其他成员之间有一点不同之处,即他有着原住民般的刚健和活力。对他们而言,康科德是个合适的暂居地;对梭罗而言,却是出生地。简朴生活、个人独立、亲近自然,在其他成员那里,多多少少算是一种刻意的努力,对梭罗而言,却是天生的、无意识的本能。

与霍桑相识

纳撒尼尔·霍桑是加入康科德社群的最新成员,他与

比梭罗大十五岁的霍桑

梭罗的共同之处甚少,除了都是埃勒里·钱宁的朋友,这种友谊关系以彬彬有礼的方式保持着。霍桑在笔记中记述他的交际时,涉及梭罗的字句经常呈现出任性和严苛的口吻;但总体来说,他是带着异乎寻常的欣赏和尊重在谈论梭罗的。

"梭罗先生昨天与我们一起用餐",他于1842年9月1日写道,"他有着独一无二的性格——这个年轻人身上还保留着原始、荒野的本性;如果说他也变得世故了,那也是以他自己的方法和方式。他又瘦又丑,鼻子长长的,嘴巴怪怪的,举止带着近乎粗俗的乡野味,但还算得上礼貌,与那副外表配合得恰到好处。他的丑陋显得诚恳,也不让人讨厌,与帅气相比,丑陋显然与他更般配"。霍桑进一步的叙述是不可靠的,他大意是说,梭罗在爱默生家的暂住让主人感到烦扰,而所有的事实都坚定地指向反面。

据我们了解,还有一次,梭罗驾着由自己和哥哥亲手制造并驾驶的小船——1839年曾在梅里马克河上进行过一周航行——带着霍桑在康科德河上游览,霍桑对梭罗的划船技术非常感兴趣,决定买下小船,并且将名字由"马斯基塔奎"改为"湖中水莲"。划行轻舟的技术是几年前梭罗从途经康科德的几位印第安人那里学来的,很难在顷刻之间掌握纯熟。"梭罗先生向我保证说",霍桑带着哀叹写道,"让小船向着某一特定方向走的唯一必要方法是使用意志,一旦运用了意志,就像是艄公的精神倾注到了自己身上,小船就会立刻听命。这对他而言或许如此,但到我手里却完全不是这样"。克服了划船的困难后,霍桑从新买的小船中获得了极大的乐趣,似乎是受到了梭罗热爱户外荒野生活的激发。"哎呀,我几乎要发狂了",他记录自己第一次成功驾驶"湖中水莲"旅行时惊叹说,"也就是说我能够把自己放到与自然的真实关系之中,与所有合脾性的元素友好相处"。

为《日晷》撰稿

到了1842年,订阅从来没有火爆过的《日晷》杂志驶入了险滩,玛格丽特·富勒辞去了编辑职务,爱默生亲自接手这项工作,在很大程度上是由居住在他家的梭罗协助进行的。据说梭罗不仅拉拢新的订阅客户,阅读文稿校样,还从东方哲学家的"伦理经籍"中选取片段刊登,这就形成了爱默生执掌下的《日晷》的特点。爱默生偶尔缺席的时候,梭罗独自担任编辑工作。[1] 爱默生对梭罗能力的评估远远高于玛格丽特·富勒,有多篇梭罗的文章被刊发;因此,这位年

---

[1] 《日晷》第3卷,第3号,据说是由梭罗编辑的。

轻的作者就被视为超验主义思想的领袖之一。1842年7月的《日晷》刊登了梭罗的一篇轻快的散文《马萨诸塞自然史》，爱默生在该篇文章开头写了介绍文字，并指出，伊萨克·沃尔顿（Izaak Walton）和塞尔伯恩的怀特（White of Selborne）有了名副其实的后继者。一年后，《日晷》刊出了《冬日漫步》一文，与上一篇文章相比，风格相似，几乎同样优秀。

沃楚西特山的散步

1842年，梭罗在朋友的陪同下去沃楚西特旅行三天，沃楚西特山在康科德西边（他称之为"与西方地平线相接的蓝色围墙"），由于这座山兀自矗立，在自然风景中具有抢眼的特征，它的名字对于梭罗作品的读者而言，是很常见的。不止一次，梭罗对这座山耸峙的高度表达赞叹之情——

> 您在我心中特殊无比
>
> 沃楚西特山，就像我自己
>
> 在群山之外，兀自独立

他们在山中漫游以及在山上野营住宿的记录，于次年发表在《波士顿杂志》中，题为《沃楚西特山的散步》。"沃楚西特",他在描述山巅风光的时候写道,"事实上是本州的观察哨。沃楚西特山在我们面前纵横展开了一张地图"。梭罗对高山的热爱体现在日记的很多片段中,从康科德的小山岗能够看到高大漫延的山脉,偶尔前去旅行观览就成了梭罗生活中最令人愉快的时刻。

"一座山脉",他写道,"对于政治家和哲学家而言,决定了很多的事情。文明的提升是沿着山脉进行的,而不是从山巅跨越过去。山脉经常是偏见和盲信的栅栏!如果能够在大地上跨越这些高山,穿越稀薄的空气,平素的愚蠢就会被净化和升华;就像很多种类的植物不会攀越山巅一样,形形色色的愚蠢也不会跨越阿利盖尼山"。

独处与社交

从我们已经谈到的关于梭罗的大量事实可以看出,他偏好独处,对"社会"冷漠,甚或是厌恶,这里的"社会"一词做通常意义上的理解。他天性中的那种超然和克制,再加上那些严肃和高尚的理想,就使得梭罗有时候显得刚直不阿,令人难以接近。无论这一点与普通人相比到底是好是坏——梭罗是不同于常人的;他在文明人中找不到共情之处,就到荒野的大自然中去寻求,虽然他知道大自然本身什么也不是，除非是与人发生了关系。

> 我感觉，我的生活非常简陋，我的快乐非常便宜。快乐和悲伤、成功和失败、辉煌和卑微，的确，很多英语词汇在我这里的意义与在我的邻居那里的意义，是不尽相同的。我发现邻居带着同情心看我，他们认为是卑微和不幸的命运让我总是到旷野和森林中去，让我在河上独自划行。但是，我在这里找到了极乐世界，我对自己的选择无怨无悔。

然而，像人们总是说的那样，除非是在有所保留的、严格限制的意义上，认为梭罗不合群是错误的。"他喜欢普通人"，钱宁说道，"他尤其喜欢个性强烈、鲜明的人"。康科德诚实、粗朴的农民赢得了他的特别青睐，在这些人群里他显得相当随和，甚至在某些时候，显得有点有些呆头呆脑。在爱默生家里住了两年，他留给朋友们的印象总体来说是令人愉悦的。"他无论如何也不是不合群的人"，E. W. 爱默生博士说，"而是一个慈祥、温情的人，尤其是对小孩子，他会不知疲倦地吸引他们、逗他们玩，花样百出，且方式健康。同成年人的交往，他既有策略，也有高度的礼貌，尽管是带着克制。但对于愚蠢，或装腔作势、言辞伪善、阿谀逢迎等，他会痛加反击"。

斯塔腾岛的家庭教师

从1843年之初开始，梭罗不再在爱默生家居住，而是接受了嘉吉·爱默生提供的担任家庭教师的机会，嘉吉·爱默生是爱默生之弟，此时住在斯塔腾岛，距纽约不远。离开康科德去就职之前，梭罗给正在纽约演讲的爱默生写信说：

> 在这封奇怪的信的结尾之处，我不愿写下我不得不说的话——感谢您和爱默生夫人长久以来对我的关照。写下来的话与我一直以来想要表达的感恩之心相比，会显得苍白无力。在近两年的时间里我一直接受您的雇佣，却拥有海阔天空的自由。您的帮助就像是来自夏日或阳光的礼物那样自由，虽然我谦卑的接受偶尔会让您感到烦扰——我未能用双手提供哪怕最简单的服务，哪怕只是做做样子；并且，由于我的天性上的过失，在更高、更好的服务方面，也付诸阙如。但我不会再这样麻烦您了，这次要感谢您，感谢上帝。

也许梭罗的一些题为《离别》的诗句就是在这个时候写下的,他刚刚带着愧疚离开了他生活了两年时间的朋友的家。

梭罗在斯塔腾岛生活了几个月。在这里,在1843年春夏时期的空闲时间,他仍然像是在康科德那样经常散步观光,并且时常被当地居民当成是繁忙的测量员,认真地观察着每一尺土地以确定是否有拓展的可能。从一个废弃的城堡中,他常常观看移民者的帆船从宽阔的外部海湾进入狭窄的航道,沿着航道进入纽约;或者,如同有时的确发生的那样,小船被隔离在斯塔腾岛上,乘客们等着被批准上岸并在那片"人造的自由土地上"恢复精气神。小岛内低矮的山丘曾经是胡格诺教徒[1]最初的定居地,从那里望去,梭罗能够看到排成长队准备出发的船只,船队一直延伸到海的尽头,他描述说,船队"张着如丝般的船帆庄严地行进"。

有时候他会漫步到罕有人迹的沙滩上,那里有半驯化的野狗等候着海浪冲上来牛马的尸体。"一座小岛",他在《河上一周》中说,"即便是最小的岛屿,作为大陆和地球不可分割的部分,总是让我的想象力感到愉悦。我幻想能够在小岛上建一个小屋。哪怕是一个光秃秃的、长着草的岛屿,扫

---

[1] 胡格诺派(Huguenots),原意为"日内瓦宗教改革的追随者",属于基督教新教加尔文教派,在法国长期受到宗教迫害。——译者注

一眼就能遍览全岛,对我而言,也有着无以言状的神秘吸引力。"

就是在斯塔腾岛上,梭罗写下了这些关于大海的优美的诗句,诗作的风格十分鲜明:

> 我的人生就像是海滩上的一场漫游,
> 向着大海的边缘不停行走;
> 我缓慢的脚步时而被浪花赶上,
> 我就停下来让它们在脚上流淌。
>
> 我唯一的工作,出于审慎的选择,
> 就是将利益置于潮流的掌控之外,
> 每一块儿光滑的鹅卵石,每一片罕见的贝壳,
> 都是仁慈的大海放入我双手的嘱托。
>
> 我在陆地上伙伴甚少:
> 因为他们对航海者报以嘲笑;
> 然而,对于他们航行于其中的陆地之海,
> 岸头上的我深深明白。

地中的海没有深红色的藻类植物，
浪花深处卷不上来任何珍珠；
沿着海岸，我用手将其脉搏诊断，
同很多遭遇海难的船员交谈。

造访纽约，新的朋友

在斯塔腾岛逗留期间，梭罗也时常造访纽约，并在这里结识了 W. H. 钱宁、爱德华·帕尔马、卢克利夏·莫特、亨利·詹姆士、贺拉斯·格里利，还有其他有名望的人。"在这个城市里"，7 月 21 日他给姐姐写信说，"在上封信之后，我在第 15 大街 W. H. 钱宁家度过了几小时的愉快时光，我们讨论了一个无所不包的问题——该为人类做些什么。此外，《论坛》主编贺拉斯·格里利在他经手的所有工作中都热情高涨，他是人们希望交往的为人诚恳的新罕布什尔人，他对我说，'做朋友吧。'"此时的格里利在《纽约论坛》上鼓吹傅立叶主义，梭罗同他建立了稳固的友谊；并且我们很快会看到，几年之后，格里利提供了极有价值的帮助，确保了梭罗作品的出版。

1843 年 5 月 23 日，梭罗从斯塔腾岛写信给爱默生，并这样讲述了他对于纽约的印象：

你不必对我在纽约的作为或收获报太大的期望。除了这里的人，一切都令我失望，我还没来就已经失望了。我看不上他们的教堂，他们还有别的什么可以吹嘘的。虽然我对波士顿所知甚少，但这里悄然吸引我的一切要比那里更加卑贱、虚伪——图书馆、图画，还有街上的面孔。我不知道哪里还有值得敬重的东西。唯有人是新的，值得留意。这些人需要一千座三一教堂和交易所，他们正在考虑这些；并且会超越这些，将之踏在脚下。我听到两种声音，这两种声音提醒我自己生活在——大海的咆哮和城市的喧嚷之中。

虽然文学创作还没有被梭罗当作主业，但他在斯塔腾岛居留期间并没有停笔。他为《日晷》和《民主评论》写了一些文章，并翻译了品达和埃斯库罗斯的一些希腊语作品。《日晷》的撰稿人们还在不厌其烦地写作着，但财务难以为继，再加上原有的各种困难，导致《日晷》于1844年春停刊。

布鲁克农场实验

超验主义者的喉舌未能赢得大众的必要支持，但超验主义作为一场运动却势头正盛。我们看到，他们的信条之一便是人人都要亲自劳动，并且人应该竭尽所能将生活方式由矫饰转为素朴。

当这些思想被身体力行的时候，就出现了两个方向，一方面是集体行动，另一方面是个人主义。就前者而言，爱默生1840年写信给卡莱尔说："我们对于不计其数的社会改造工程近乎发狂；几乎每个读书人的腰袋中都装着新兴社区的草稿。"这种公有计划中最重要的一项就是著名的布鲁克农场实验，起始于1841年春，于1847年末结束。

对于这件事情，超验主义的主要人物的观点发生了分歧，玛格丽特·富勒和乔治·黎普列参加了活动，而爱默生、阿尔科特和梭罗则置身事外。同一时期新英格兰的傅立叶主义的传播导致了"社会共同组合会"的成立，其中贺拉斯·格里利和W. H. 钱宁起着领导作用。另一项超验主义殖民尝试是由阿尔科特和三两位朋友于1843年发起的，他们在哈佛附近买下了一片田地，并将之命名为"果园"。梭罗还曾经造访过这一小片土地，但他婉拒了成为成员的邀请，这个实验同其他很多尝试一样，最终失败了；不到一年时间，阿尔科特就放弃了，返回到康科德。

梭罗的个人主义

另一个方向是个人主义行动，采用的是"回到自然"的实践方式，梭罗注定是最成功的倡导者。对于社群的彻底不信任是他独立、自信的个性的最明显特征。"至于那些社群"，他在笔记中写道，"我想，我宁愿在地狱里有个单间，也不愿在天堂中与人共眠。"他不愿意牺牲一丁点的个性去参与布鲁克农场或是其他地方的实验，但有一段时间他在考虑将自己的原则付诸实践的可行性，即尝试性地暂时从自己的同胞社群中退身而出，这个计划可能是他的朋友斯特恩斯·惠勒尔向他建议的，惠勒尔于1841年或1842年曾经在弗林特湖附近的小屋里住过几个月，梭罗还曾去那里拜访过他。

早在1841年梭罗的日记中已经出现过这种想法。"我想尽快到远处的湖畔生活，"他于12月24日写道，"在那里，我只能听到风从芦苇中穿行而过的声音。我若是能够抛下我自己，我就会成功。但有朋友问我到那里能做什么。去观看四季的转换难道不能成为我的工作吗？"

比这条日记早两个月，玛格丽特·富勒曾写信给梭罗说："让我知道你是否去了孤寂的小屋，如果你在那里读莎士比亚的话，写信同我谈谈。"我们已经提到过，瓦尔登湖与他的早期记忆相关联；当他是个孩童时，就曾经想过住在那里，他也习惯于在夜晚来到湖边，并在那里钓"大头鱼"，据说鱼在晚上会受到河边燃起的火苗的引诱；或者，在夏日的早晨，他会坐在小船中沉思几个小时，任小船随风飘荡。

然而，还有一个地方也是梭罗熟悉的，并且差一点就成了他隐居计划的场所。在他年少时沿着康科德河旅游的时候，曾注意到村子两英里之外的地方有一座废弃的旧式农庄，农庄隐藏在浓密的红色枫树林中，能听到院子中的传来的狗叫声。这就是霍洛维尔农庄，如果我们相信《瓦尔登湖》中的记述的话，据说此处的幽隐宁静让梭罗十分倾心，在他刚一成年的时候，就打算要成为这里的主人。但是，在签合同之前，农场的主人改变了主意，毫不费力地引导梭罗解除了这笔交易。

为什么是瓦尔登湖

我们可以猜测，在1844年，梭罗完成了斯塔腾岛的教育工作之后，更加坚定地将心思倾注在实施自己心仪的计划上面；并且他的想法而今已经回到了瓦尔登湖，将这片林地当作了实施计划的最合适的地点。

阿尔科特的"果园"实验，从金钱角度说是失败的，但毫无疑问刺激了梭罗更加倾向于森林生活；而爱默生虽然对于这种开拓精神是否明智基本保持怀疑态度,却也在瓦尔登湖两边买下了土地,想要在这里建个避暑庄园。埃勒里·钱宁年轻时就曾在蛮荒的林区进行过生活实验,在退隐林中这件事情上,当然会信任自己的朋友。"这个世界上没有什么是适合你的",他于1845年写道,"除了那片我曾经给'野蔷薇'施洗的土地;去那里吧,给自己建一个小屋,并开启活生生吞下自我的宏伟计划。对你而言,我看不到别的希望,没有别的选择。'吃掉'自己吧;没有别的人'可吃',也没有别的东西可吃。"

在这些规劝的激励下,并且深信自己命运的脚步,1845年春,28岁的梭罗决定在瓦尔登湖畔给自己建一座小屋,并在那样的时光里、以那样一种——对自己的智识和精神最有益的——方式生活。他退隐的目的总是被误解,以至于在谈及此事时梭罗反复申述:

> 既然发现我的同胞不大可能给我提供法院、教会或其他地方的职位,我自己就必须做出转变,我心无旁骛地转向了森林,我在那里更受欢迎。我决定要立即着手,就用现在已有的这点微薄的资金,而不必等待去攒足够的钱。我去瓦尔登湖的目的不在于过穷日子或富日

子，而是要在阻力小的状态下处理一些私人的事务……

我去林地是想要过有目的的生活，只去面对生命中最本质的事项，并且要搞明白我是否能学会它教导我的一切，而不是相反，到死的时候才发现自己未曾活过。我不想过一种不是生活的生活，生活太昂贵了；我也不想听天由命地生活，除非这是完全必要的。我想要潜泳到生活的底部，汲取生命全部的意义，坚定地生活，过斯巴达式的生活，并将所有非生命的一切全部抛弃，大开大合、切问近思，将生命逼到角落，将生活降至最低条件，如果生命被证明是卑微的，那为什么还要把握其全部的、本真的卑微，并将之公之于世；相反，如果生命是高尚的，就要切身体验它，并在我下次的旅行中给它一个真实的描述。

事实上，瓦尔登湖之于梭罗，犹如布鲁克农场之于其他超验主义者，是一个适合哲学沉思的归隐之处，可以践行更质朴、更坚毅、更健康的生活。

第四章 归隐瓦尔登湖

梭罗小屋的处所

瓦尔登湖是康科德南边大约一英里半的一个小湖，环湖皆茂林青丘，湖畔即梭罗决意归隐之地。那里的湖水碧蓝通透，即使水深30英尺也可清澈见底，除了康科德河对岸向西大约两英里的怀特湖外，没有哪个湖泊可以与之相媲美。昔日的瓦尔登湖无疑常有印第安人出没，至今湖岸上仍可发现当年的箭头，还能隐隐约约辨别出可拾级而上的狭窄小路，这些"土著猎人踩踏出来的"小径沿着陡峭的河岸蜿蜒行进。

在马萨诸塞殖民地初期，梭罗记忆中湖畔周围浓密茂盛的树林曾是逃犯和不法之徒的藏身之地。不过现在，沿康科德到林肯的公路，一个个小村庄、农舍和花园点缀起瓦尔登湖的东岸，就像梭罗告诉我们的那样，"笑语闲谈随处可闻"。如果说前者栖居此地是因饮酒获罪被迫如此，出于不得已而藏身密林之中；那么，现在这些健壮的饮水人则是精心选择了一片清净的定居地。

梭罗特意选择了湖北岸树林边的斜坡来建造自己的小

瓦尔登湖

屋，离水边大约三四十码远，这里属于爱默生的林地。从这儿看不到其他的房子，只能看到半英里外的对岸上由森林所标出的地平线；距离村子不远处，一边是新修的铁路，另一边是林地公路，可一英里之内没有人家，环境静谧之至，正是归隐者所期望的地方。让梭罗满意的是，他既可心无旁骛静思冥想，也可随性而行、访朋会友，而且不用担心与世隔绝。

起屋与家装

1845 年 3 月底的一个早晨，飞鸟的欢歌和瓦尔登湖消融的冰雪预示着春天的来临，"大自然的单身汉"着手在他选定的地点满心欢喜地开始建造"窝点"。他借来了朋友阿尔科特最喜欢且一再强调是"掌上至宝"的斧头，用它砍倒松树，把木材劈开，再做成小屋的框架。就这样，他每天惬意地工作，享受劳动的充实，并按时回村睡觉。这样干了大约两三个星期，框架已经搭好，是可以起屋的时候了，他在湖畔斜坡的沙地上挖了一个地窖，长 6 英尺，深 7 英尺。菲茨堡铁路上的爱尔兰人的棚屋木板被他回收后，运了回来。

5 月初，房子搭好了，他煞有介事地告诉我们说，他之所接受一些朋友的帮助，并非出于必要，而只是为了睦邻友好，这些朋友包括：阿尔科特（斧子还回来时比借出去的时候还要锋利）；乔治·威廉·柯蒂斯（George William Curtis）[1]，他曾在康科德待过一两年，在农场打工；还有埃德蒙·霍斯默（Edmund Hosmer），康科德的一个重要农场主，和梭罗关系很好。这个小屋，宽 10 英尺，长 15 英尺，包括一个阁楼、一个壁橱、一扇窗户，一端是门，另一端是砖砌的火炉，还有防雨的顶棚，不过整个夏天，墙上都没有抹灰，也没装烟囱。就在 7 月 4 日，也就是独立日那一天——一个适宜庆典的吉日——原本没有一点家私、只有一艘船和一个帐篷的梭罗，现在在这所房子里住了下来，他可以称之为自己的房产，并自豪地说，这房子只花了他 28 美元。

"家装"这足以让许多有身份的房主忧心的问题，在梭罗无畏世俗的特立独行下迎刃而解。"家具！"他爆发出一声惊呼，满含着对那些被自己财产所奴役者的怜悯。"谢天谢地，我能坐能站，不用买家具。"他在瓦尔登的家具一部分是他自己造的，包括一张床，一张餐桌，一张书桌，三把椅子，一个直径 3 英寸的镜子，一把钳子和炉灶，一个水壶，一个

---

[1] 在《居家的美国作家》这本书中，他提及梭罗的小屋："一天下午，天儿不错，我们一伙人帮他把小屋搭好——就像布鲁克农场的阿卡迪亚，世外桃源的生活。"

平底锅和一个煎锅,一把勺子,一个洗碗盆,两副刀叉,三个盘子,一个杯子,一个勺子,一个油罐,一个糖罐,还有一盏漆过的台灯。窗帘,他不需要,除了太阳和月亮,没人会窥视他,他没有地毯也就不担心地毯褪色,他没有肉和奶自不必考虑遮阳避光。有位女士要给他一张地垫,他不要,觉得那是多余的麻烦;他倒宁愿在门外的草皮上蹭脚。他发现桌上有三块石灰石每天要掸灰,于是就把它们扔出窗外。他认定如果有什么家具需要每天拂拭灰尘的话,那它们必定是"他心灵的家具"。有了这样一个井井有条的房子,家务就不再是令人精疲力竭、枯燥反复的劳动,而是一种愉快的消遣。

地板脏的时候,我就早早起床,把所有家具都放在门外的草地上,床和床架放一起。我把水泼到地板上,撒上池塘里的白沙,再用扫帚把它擦得干干净净;等到村民们开始吃早饭的时候,清晨的太阳就已经把地晒干,东西可以搬回去了,而我的沉思几乎没有间断。我很乐于看到家里所有东西都堆在草地上,堆得像吉普赛人的皮裹行囊。还有那张三条腿的桌子,放着没拿走的书和钢笔墨水,立在松树和山胡桃树中间。

瓦尔登小屋的复制品和梭罗的雕像

林中的生活方式

就这样,既已选定了生活环境,也就可以自由地按照自己的意愿来生活了。他每天起得很早,在池塘里沐浴,并把这种习惯看作是一种"宗教活动"。晨浴后,他开始一天的工作或休闲。初夏时节,那时候小屋还没建成,他就已经在小屋周围大约两英亩半的浅沙土里开垦播种,种的主要是豆子,还有一些土豆、豌豆和萝卜。在瓦尔登的第一个夏天,豆田是他劳动的主要场所,早上五点到中午是他的劳作时间。日复一日,从康科德到林肯的路上,旅行者们常会勒马驻足,惊奇地打量着这个奇怪的农夫,他在荒野山地上耕田,却不往地里施肥,别人都已经开始锄地了他还在播种豆子。

不过,这个农夫自己却从现实艰苦的劳作中体会到一种崇高超验的满足;正是带有神秘主义的农耕吸引他全身心地投入。就算在盘点这季收入时,他发现自己仅剩下 8 美元,这是他一年的农业收入,那又有什么关系呢?难道他不比村里其他农民少忧心而更知足吗?第二季的时候,他做了些改进,只耕种了三分之一英亩土地,用铁锹代替了犁。除了农作物的收入,无论还需要多少钱来支付伙食和其他个人开支,他都靠白天在村里打零工来挣,如他所言,他有"和手指头一样多的手艺"。

不管是体力劳动还是文学创作,工作一个上午之后,他都会再次跳入湖中振奋精神、焕发活力,然后依惯例,随心所欲地在河边或森林里漫步,享受一下午自由自在的时光。他偶尔也会终日闲散,因为他不愿意"为工作而牺牲当下的美好,无论是动脑还是动手"。

> 有时,在夏日的清晨,照常洗完澡,我就坐在洒满阳光的门前,从日出坐到日中,凝神遐想,周围是松树、山胡桃树和黄栌树,还有远离尘嚣的独处和宁静,鸟鸣千啭,振翅越屋,我则陶醉其中,直至落日照射到西窗之上或是听到远处公路上行人的马车声,我才意识到时光的流转。

他很清楚,这些白日梦在勤恳的乡亲们眼里不过是无所事事的瞎想,但孰是孰非,他自己才是最好而且唯一的裁判。月光皎洁的夜晚,走在湖边沙滩上,他会吹起笛子,任悠扬的笛声在树林间回荡。

素朴的衣着和饮食

我们知道梭罗无需高屋广厦也能心情舒畅，他的衣食住行无不如此。他的衣服总是粗劣的、破旧的，但很实用；钱宁告诉我们，他常穿灯芯绒，质地还不错的那种。他那顶土帽饱经风霜、破旧不堪；衣服缝缝补补，牛皮靴沾满泥垢。它们好像都在诉说林间田野的劳作是多么艰苦，它们的主人又是多么不情愿多浪费一美元在外表的虚荣上。他希望自己的着装能够衣如其人，让人看到他的真性情；他可不愿像什么国王或贵族那样，俨然是一匹可以晒衣物的木马，挂一身干净的衣服作为装饰。

他对待饮食完全像对待衣服一样，要求简单、节俭。他在瓦尔登湖生活，吃的基本上都是米饭、印第安餐和土豆，难得偶尔吃些咸猪肉，喝的就只是水。他亲手烤黑麦面包，亲手做印第安餐，刚开始还从村里买酵母，可后来又觉得省掉发酵过程的饮食"更简单、更得体"。他对素食有强烈的偏好，可偶尔也会在瓦尔登湖畔钓几条鱼作晚餐，甚至心怀愧疚地承认自己有一次捕杀并吃掉了一只侵入他豆田的土拨鼠。

下文是梭罗的一件轶事，一个在瓦尔登湖拜访过他的人写道：

他的一条哲学格言是：凡有呼吸的生灵，皆应尽量避免伤害其性命。可他却面临着一个难题：究竟是让土拨鼠和兔子糟蹋他的豆子，还是去战斗。他拿定了后一个主意，弄了个铁兽夹，很快就抓到一个有年岁的老家伙。这家伙生于斯长于斯，自然而然就占着这片田地。梭罗把豆子的公敌监禁几个小时后，就踩下弹簧把它放了——希望再也不要见着它了。妄想！

几天后，他从村里的邮局回来，朝豆田望去，那个消失在田外灌木丛后面的灰色脊背让他厌恶又烦恼。于是，他再次设下陷阱，再次抓住了这个老贼。

碰巧，那些带猎枪、鱼钩和鱼线的老骑士，卫森、普拉特和其他人，正在池塘里钓鱼。于是，一个紧急会议召开了，来决定如何处置土拨鼠。

米德尔塞克斯酒店的房东立刻给出了一个简明的决议：敲碎它的脑袋！可梭罗觉得这惩罚太过分了，就算是土拨鼠也该有些权利，像"寮屋权"就该得到尊重。难道是他梭罗先住这儿的吗？难道不是他罔顾土拨鼠的权利，拆了它的家，在那废墟上盖起了小屋吗？

再三思忖后，他把土拨鼠抱在怀里，走了大约两英里远，然后，用棍子狠狠地教训了它一顿，打开捕鼠

梭罗的桌子,用松木和铁,制于1938年

器,再次让它平静地离开了——他从此再也没见过它。[1]

独处的日子

11月,夏天结束,霜冻来了。梭罗给房子收尾,上墙板、建壁炉和烟囱,最后泥墙。这最后一道工序还没完成,严冬就开始了,到了12月中旬,池塘已经全部结冰,地上也被积雪覆盖。这会儿,他可说是完完全全隐居于此了,白天出门也不过是捡柴、砍柴;晚上在家时间充足,他就专心记日记,梭罗一直坚持,从不间断,这日记就成为《瓦尔登湖》和《康科德河和梅里麦克河上的一周》两本书的主要内容。当然,他现在同样有充足的时间和闲暇来权衡群居和独处的利弊。能这样隐居,他满怀感激,独处让他大受裨益;正是在这期间,他的思想逐步成熟,文风日臻完善,可以说,梭罗初来瓦尔登湖时是个生涩的青年,离开瓦尔登湖时则是个坚毅而富有尊严的成年人。

这一时期的生活可以引诗为证,诗文是梭罗在瓦尔登写的《冬日漫步》中令人愉快的几节,尽管写诗的时间稍早一些:

---

[1] 约瑟夫·霍斯默:《梭罗往事轶闻》。

冬季将树枝装点，
犹如奇异的花环，
并将沉默的封印，
标记在落叶之上；

条条溪水冲出幽阁，
一路汩汩滔滔歌唱，
田鼠藏在地穴之中，
啃吃着草地的干粮；

我想夏日即将临近，
地下生命开始萌动，
那只田鼠依然惬意地，
躺在去年的干草之上。

我急切地奔往河谷，
俨然听到了动人的消息，
大自然举行了盛大的节庆，
我们岂能无动于衷。
我在冰上欢呼雀跃，

感到冰面微微震
颤，
冰面即将裂开的瞬间，
我已安然无恙地划过。

蟋蟀卧在地上，
柴捆垛在炉旁，
家庭生活的发出的声响，
飘荡在林间的小路之上。

村上来的访客

认为梭罗在瓦尔登隐居期间完全与社会隔绝的想法是不实的——那不是他的本意，事实也并非如此。无论冬夏，他每隔一两天就要到村里去访亲拜友，聊聊闲话，有时在朋友家吃晚饭，夜深了才往家走。要知道，穿过黑暗的瓦尔登森林找到回家的路是不容易的，因此，他常常沿着菲茨堡铁路行进。事实上，他在这条铁路沿线非常有名，当火车司机们经过的时候，也都习惯于向他鞠躬，就像问候一位老相识。

串门儿的不只是梭罗，他出人意料的隐居引来不少慕名而来的访客。梭罗尽其所能在他的森林居所招待他们。访客中的普通度假族大多是想享受假日闲暇，比如孩子、铁路

梭罗的友人阿尔科特(1799-1888),
他的女儿就是名著《小妇人》的作者路易莎·梅·阿尔科特

工、伐木工、渔民、猎人，梭罗对于他们都由衷地欢迎，热情地接待，就算是救济院的白痴也不例外。不过，对另一些人就要另当别论了，徒有其表的改革者、捕风捉影的闲言客、沽名钓誉的慈善家，这些人的到访让他非常反感。尽管梭罗明确地表达了不欢迎，不是起身出门干活儿，就是对问话"爱答不理"，可是这些人从不知道"这是他们应该离开的时候了"。

他还在小屋招待过爱默生和其他朋友，他的"窝点"正建在爱默生的领地之上。埃勒里·钱宁是他一年到头的常客，在梭罗修建壁炉的时候，曾和他在瓦尔登小屋呆过两个星期。阿尔科特是他的另一位常客，在《瓦尔登湖》中被称为"最后的哲学家之一"，"仅存的最有信仰的人"。

星期天下午，他还会兴高采烈地欢迎"长脸农夫"埃德蒙·霍斯默的到访，这是他最坚定、最真诚的朋友之一。他们"在冰天雪地的时节，围炉谈古论今，精神奕奕、头脑清晰，神驰于野蛮而纯朴的时代"。下文是这位农夫朋友的儿子约瑟夫·霍斯默拜访梭罗的回忆：

> 1845年9月初，应他之邀，我到他的湖边小筑度周末。他的款待及其方式是独一无二的，尤其是时间和地

点很独特。烹调器具很原始,是在地上挖个洞,垫进石头,上面生火,就像他们在海边烤蛤蜊那样。当石头足够热了,除去余烬,放上鱼、青蛙什么的。

我们吃的包括鱼、玉米、面包、豆子、盐等,豆子事先煮好了。这顿饭的面包是仅掺了湖水,然后摊在一块薄石片上烤制的,这块薄石片也是为这个目的而特意准备的。当面包烤熟后,把薄石片移走,然后把鱼放在热石头上烤——有的包层湿纸,有的不包——加点儿盐即成美味。

从这些事例中可以看出,梭罗决不是某些人想象的那种厌世的隐居者,他懂得社会交往的价值;而另一方面,他也深知"社交太过廉价";他喜欢偶尔的独处,承认他"从未找到比独处更好的陪伴"。

逃亡奴隶

有人认为,除了上述被列举过的人之外,瓦尔登隐居处还有另一批造访者。梭罗小屋作为"地下铁路"的一站,为逃亡的奴隶们提供了庇护。梭罗本人只提到过一个这样的访客,帮助他"朝着北极星的方向逃去"。

不过，据权威人士温特沃思·希金森（Wentworth Higginson）上校的说法，恰恰相反，梭罗小屋与地下铁路没有任何关系。

马萨诸塞州不像俄亥俄州那样，位于奴隶州和加拿大之间最短的线路上；所以，经此逃亡的奴隶较少，对在逃奴隶的追捕也不太狂热。再者，地下铁路指的是俄亥俄州许多房屋组成的一条相当明晰的路径，而不是一个非常模糊的比喻。即使有那么一两个案例，逃亡者确实被带到康科德，也可能到过梭罗的小屋，但这绝对是非常特殊的情况。

"我曾就此做过详细地调查，"琼斯博士（Dr. S. A. Jones）[1]说："事实上，在'老康科德'有一些专门布置好的房子，为逃亡的奴隶无条件地提供较为安全的休息和藏身之所。此外，那些经康科德'车站'成功逃亡的幸存者们说，梭罗的小屋没有这样的用途。"

拒绝交税

正是由于梭罗对废奴的热情，他在瓦尔登的第一个秋天

---

[1] 《利平科特杂志》，1891年8月。在本书第一版中此信息有误。

里发生了一件大事。他极具个人主义的人生观自然而然地让他接受了无政府主义学说，正如阿尔科特和其他超验主义者也受此影响一样，他衷心地接受并赞同这一格言："无为的政府是最好的。"他不仅对美国在与墨西哥战争中的外交政策深感不满，而且对政府在国内许可黑人奴隶制度更为厌恶，这些使他原本就有的对国家及其代理人的不满情绪加剧为个人主动的敌对心理，他觉得对于那些被强制以交税来表达对国家的忠诚的人，就像他自己，仅有口头抗议是不够的，还要有实际的行动相配合。

> 我与美国政府，或代表它的州政府，直接对抗，每年一次——不再是——以纳税人的身份……如果今年有一千个人不交税，那么税收就不会成为暴力和血腥的工具，因为政府不会再有钱去实施暴力并让无辜的人流血。[1]

因此，当他的"公民邻居"，一个收税人，来征收人头税时，梭罗拒绝了（正如1838年梭罗拒绝交纳教会税一样），理由是他不想费心追查自己所交纳的税，究竟是用来"买人，还是买枪来杀人"。收税人充满焦虑地问他说，这情

---

[1] 《论公民的不服从》，1849年。

况太复杂,自己到底应该怎么做,得到的答复是,如果收税人真的想做些什么的话,那就应该辞职。第一次出现这样的僵局是在1843年,阿尔科特当时可能与梭罗一起行动,结果,因拒绝交税而被捕;但直到1845年[1],州政府才对这年轻人提起诉讼,据推测,大概是因为他并不是什么重犯。

监禁

一天下午,当梭罗碰巧从瓦尔登到村子里去补鞋匠那里拿鞋的时候,他被人拦住了,而后被关进了镇上的监狱。

"亨利,你怎么在这儿?"这是爱默生到这个新隐居地看望他朋友时所说的话。"你怎么不在这儿?"梭罗给出了一句经典的回答,暗指爱默生特有的谨慎。后来梭罗写了一篇幽默故事,讲述他在监狱里度过的那个夜晚,以及在那里遇到的其他罪犯。

> 就像旅行,到了一个出乎意料的遥远国度,在那儿躺了一夜。在我看来,我以前从没有听过镇上的钟声,也没有听过村子夜晚的声音。我现在听到了,因为睡觉时窗户是开着的,而窗户就在监狱围栏里。那是我家乡

---

[1] 在《爱默生回忆录》中日期错写为1847年。

的近景,我正置身其中。我以前从未深入了解它,现在才开始理解它的居民。

第二天早晨,他出狱了,他的母亲和姑姑们未经他的同意就交了税——这是他没有料到的较为温和的结局。[1] 他径直从监狱门走了出来,在同乡们意味深长的注视中,去完成了他在夜间被打断的事情,穿上已经补好的鞋子,梭罗很快就走到了离康科德两英里远的山上,站在越橘树丛林之中,他形象地评说道,"四望之下,我看不到政府在哪里"。

研究自然史

他经常去瓦尔登附近的田野和森林里散步,一走就是好几个小时,有时几天都不回来,这期间他从不关小屋的门;除了一本《荷马》之外,什么也没有丢过,"除了代表政府的人之外,从没有受到过任何人的骚扰"。梭罗离开瓦尔登最久的时间大约是在1846年9月,他在缅因州度过了两个星期。当时他和住在班戈的堂兄一道在缅因森林的深处探险,

---

[1] 所缴纳的税金被错误地认为是爱默生支付的。其实,钱是梭罗的姑姑玛利亚·梭罗小姐(Miss Maria Thoreau)假装往头上缠东西的时候,交到狱卒手里的。狱卒,1894年时仍在世,他说付款让梭罗"疯得像个恶魔"。

梭罗发现的三枚鸟蛋,后转赠给波士顿自然史学会

攀登克塔顿山，并结交了一些印第安猎人朋友，梭罗从不厌倦研究他们的习俗。

1847 年，他与著名的瑞士生物学家阿加西（Agassiz）互通书信、进行交流。阿加西是去年秋天来美国的，不止一次造访康科德。梭罗也多次将鱼、龟和其他各种当地动物收藏品送给阿加西，这位伟大的生物学家对于梭罗的观察和记录给予了很高的评价。在某种程度上，梭罗与其他同道中人有很大不同，尽管他是一个自然主义者，但在他归隐山林之前，他就已经放弃了使用枪和捕兽器，外出旅行时携带的所谓攻击武器只是一台望远镜。钓鱼是他唯一没有放弃的运动，即使在这一点上，他的良心也已经感到不安，他发现自己"不失自尊"就不能钓鱼。

回　归

就这样，两个夏天和两个冬天过去了，安静的沉思和不断丰富的经验结出颇多硕果。这其中有几件事需要特别注意。当 1847 年夏天到来的时候，他开始觉得隐居瓦尔登的目的已经完全实现，现在是他回归到更具社会氛围的村子里的时候了。

他的归隐时光并没有被浪费或虚度，从自己的实践中，他总结出关于现实生活和精神世界的两条重要教诲。第一，"假如我们可以简朴而明智地生活，那么在这个世界上维持自己的生活就不是一件苦差，而是一种消遣。"这是他自己的经验，如果那样生活，工作六个星期就可以支付一年所有的开销。第二，"如果一个人自信地朝着梦想的方向前进，并努力去过他想要的生活，他将获得平时意想不到的成功；当他简化自己生活的时候，宇宙的规律也会对他相应地变得简单，孤独就不再是孤独，贫穷也不显得贫穷，软弱也不再是软弱。"他对他自己的超验哲学进行了检验，结果并没有使他失望；他不再是年轻时的诗作中所描绘的"徒劳的奋斗"，梭罗现在已经在坚实的大地上站稳了脚跟，并且有了一个明确的目标来指引他未来的道路。

1847年9月6日，梭罗离开瓦尔登回到康科德的父母家中。他度过了许多愉快时光的小屋如今成了一位苏格兰园丁的住所；几年后，又被一位农民买下，运到了康科德镇的另一个地区，在那里它被用作一个小粮仓和工具房，并且一直用到它的建筑师和原居民去世以后。

"我离开森林，"他说，"和我去那里一样有充分的理由。在我看来，我也许可以过好几种生活，不能只为这一种再多花时间了"。"为什么我离开森林？"几年后，他在日记中写道,"我想我不知道。我不知道我是怎么来的。我常常希望自己能回来。也许我想要改变。那天下午两点左右的时候我可能有点踌躇。如果我在那里待得久一点,我可能会永远待下去。即使是进天堂,人们也会三思吧。"

梭罗实验的价值

《瓦尔登湖》是梭罗最著名的一本书,其中记载了他在森林中的生活,直到1854年才出版。作为他一生中最经典的一幕,它引起广大读者和市民的质疑和误解,应该是意料之中的事。后来,有一个爱默生的老相识,在他的一本日记中提到,他对《瓦尔登湖》很感兴趣,不过据说这本书不过是一部充满讽刺和绝望的书,完全是为了消遣而写的——这是对梭罗一生全部精神的误解,与最近的批评中对瓦尔登实验的一些判断差不多。

"他的简陋生活,"洛威尔(Lowell)先生说,"就他自己的观念而言,根本不可能实现人类的完全独立。第欧根尼[1]

---

[1] 第欧根尼,古希腊哲学家,他认为除了自然的需要必须满足外,其余的一切,包括社会生活和文化生活都是无足轻重的,据说他住在一个桶里,有一次亚历山大大帝访问他,问他需要什么,他回答:"我希望你闪一边去,不要遮住我的阳光。"——译者注

的桶都比这实在"[1]。但是并没有一句话、一个词可以表明梭罗想要"人类的完全独立",或者要坚决背弃对人实在有用的文明产物。事实上,梭罗的事业,正如《瓦尔登湖》里他对自己生活的经营和实践,鼓励并激发了许多美国人和英国人去过更简单、更理智的生活,这本身就充分证明了他的努力是成功的。然而,洛威尔先生把简朴与野蛮混为一谈,并一次又一次地被后来的批评家们引述为关于梭罗昭然若揭的谬论!

E.W. 爱默生博士说:"梭罗被大多数人荒谬地误解了。他不希望每个人都住在森林中与世隔绝的小木屋里,吃玉米、豆子和蔓越莓。他自己的瓦尔登野营也只是一个短暂的实验性插曲。即使是在那时,这个非常人性化、富于情感的男人也经常去拜访他村里的朋友。他是一个非常孝顺的儿子,也是一个有情有义的兄弟。有些挑剔的伊壁鸠鲁主义者,夸大地宣称梭罗时不时在朋友家里很坦然地蹭饭吃,或者说梭罗作为儿子太乖巧了以至于不会粗暴地拒绝母亲特意为他做的糕点,这些说法都很无聊。他不像那个时代的小人,把饮食

---

[1] 《大英百科全书》中关于梭罗,作者犯了类似的错误,他说梭罗"渴望向自己和他人证明:人可以像筑巢的鸟一样独立于人类"。尼克教授(Professor Nichol)在他的《美国文学》中也同样有此错误。

琐事无限放大,却对其他事情毫不关心。"

如果我们要正确理解梭罗,就有必要仔细体会在瓦尔登的逗留对他今后职业生涯所产生的重要影响。人们好像会忽略这样的事实,他隐居的时间仅仅是他二十年成年生活中的两年,因此,把他的事业完全归结于瓦尔登就太过武断了,或者说那一段经历包含了他全部的哲学立场和信仰,这也是不公平的。那段时间是一场自我考验而非哗众取宠,是一次尝试性的努力,而不是超验思想的表达;他去瓦尔登时还不到30岁,没有出版过任何书籍,除了一帮老乡之外,他完全不为人知。另一方面,必须指出的是,这正是他思想成熟的时期,他的伦理信条找到了清晰地表达。他林中的居所不仅拥有如画的风景,发生过引人注目的事件,还为他今后的事业指明了方向,成为他一生中最动人、最亮丽的所在。他来到瓦尔登时是一名学生;回到康科德时,他是一名老师。

现在,在梭罗故事讲到关键时刻之时,我们不妨暂停对他生活的表面叙述,转而去关注他的相貌、性格、情感、学识,以及个人内在的其他特质,借以说明他是怎样一个人,此时的梭罗正准备迈步走入那些心不在焉的世人,宣扬他关于朴素生活的福音。

第五章　梭罗其人

梭罗的个人相貌

梭罗的个性让人一见之下就被吸引。"他身材不高,"在梭罗离开瓦尔登几年以后,曾拜访过他的蒙库·康威(Moncure Conway)先生这样说,"但很结实,颇像我想象中的尤利乌斯·恺撒。行动中总透着勇气和镇静;说话的语调好像就是真理本身该有的声调,他眼中有新英格兰纯净的天空蓝,就如同他淡黄色的头发里有阳光一样。他有一个很突出的鹰钩鼻,总让我联想到一艘船"。这一描述和埃勒里·钱宁在《梭罗,诗性自然主义者》中的描述相吻合,由于他长时间和梭罗保持密切的关系,自然就更有发言权:

> 他的脸让人一见难忘。特点很突出:鹰钩鼻,典型的罗马式的,和恺撒画像中一样(据说颇像鸟喙);浓眉高架在深邃的蓝眼睛上,在某种光线下,还会呈现出灰色——一双富于传达丰富情感的眼睛,但绝不会显得虚弱或者近视;前额并不特别宽或高,但显得精神饱

满,意志坚定;唇部突出的嘴巴,在沉浸于意义和思想时就会缄口,在发言时就会滔滔不绝,形成最为丰富、最不寻常、最具启发性的语流。他整个人诚挚、积极,仿佛总是有要事在身。即使是在船上,他也神情专注,目不转睛地注视着眼前的景色——仿佛那里会有鸭子、海龟、水獭或者麻雀。

在1840年到1860年之间,梭罗的形象对于康科德的老乡们来说并不陌生,因为,无论什么样的天气,无论在什么时间,他经常待在户外,人们总是能够看到这个显眼的人,耷拉着双肩,"注视着地面,一摇一摆地阔步行走着,双手要么背着,要么紧紧地贴在身边,攥成拳头"。那使他整个人都充满生气的不屈精神,精确地书写在他个人的相貌之中。"思想在人的脸上留下的印记是多么深刻清晰啊!"这是一位第一次见到梭罗的人发出的感叹。[1]

---

[1] 梭罗有三幅不同版本的画像,(1)1854年,在梭罗留胡子之前,由罗斯(在梭罗家待过的一位年轻艺术家)创作的蜡笔画像。(2)克里彻森于1857年或1858年(被错误地陈述为1861年)在马萨诸塞州伍斯特拍摄的一张照片。照片中的梭罗沿下巴留着一圈儿胡子,长过喉头。(3)1861年8月,邓希(Dunshee)应丹尼尔·瑞克特森先生(Mr. Daniel Ricketson)的要求,在新贝德福德拍摄的一张旧式照片,当时梭罗蓄着浓密的胡须。这张照片上有一枚浅浮雕徽章头像的侧面,真人大小,是梭罗朋友的儿子沃尔顿·瑞克森先生(Mr. Walton Ricketson)制作的。

这张照片摄于 1857 年或 1858 年，
照片中的梭罗沿下巴留着一圈儿胡子，长过喉头

衣着风格

梭罗朴素的衣着,在他漫长的散步或远足中,常常引起人们对他行动目的和职业的奇怪猜测和错误判断。在科德角(Cape Cod)还有其他地方,他曾经数次被误认为是个小商贩;另一次,在哈德逊河的一艘汽船上,一个乘客向他要"嚼的烟草",他把梭罗当成了船员。据说,梭罗说话"总带小舌音",字母 r 的发音很奇怪;只不过,在他颇具感染力的言谈中,外貌举止的古怪会很快被忽略,所有认识他的人都可证实这一魅力。他在日记中说道,自己的俏皮话是"漫长的人生经验洗礼过的熟透的果实",轻轻从他身上掉落,不会让他感到一丝痛苦或惊诧。这些经历并不像通常那样,是从海外旅行或多样的生活中积累起来的,而是以自身敏锐的感知结合对现实的洞察而获得的。爱默生告诉我们,梭罗身心和谐,非常健康。他是散步、游泳、跑步、划船的行家,擅长所有户外工作;他只用脚或眼睛就可以精确地测量任何给定的距离或高度,也可以精准地估算出他手上任何东西的重量,还可以从一个装有一蒲式耳或更多散装铅笔的盒子中一次只抓一打(十二只)铅笔出来。

1847 年,梭罗写了下面这封极具特色的信,回应当时为搜集 1837 届哈佛学生生活事迹而发出的一封通告:

本人未婚。职业或行业不明，可算作是无业。手艺非授受，习自五行八作。自为交易，套路颇多。今兹列举如下：教师、家庭教师、测量员、园丁、农夫、油漆匠（房屋粉刷）、木工、泥瓦匠、钟点工、造铅笔、造玻璃砂纸、作家、间或是诗人。如您能如伊俄拉斯[1]，在任意这些头衔上烙上烙印，以明司职，本人将不胜感激。广告既已发出，我现在的任务就是等待雇主。前提是我认为合适才行，而事实上，通常没有合适的职业，因为本人已经找到一种生活方式，可以无需所谓勤奋工作的职业，无论这些职业多么有吸引力。事实上，本人最稳定的工作，如果可以这样称呼的话，就是保持自己处于最佳状态，随时准备应对可能出现在天堂或地球上的任何事情。最近两三年，本人独自一人住在康科德森林，距离任何邻居都有一英里多远，所住的房子完全由我自己建造。

又及——恳请同学们勿将本人当作慈善的对象。如果有人需要金钱援助，并将他们的情况告知，本人将承

---

[1] 古希腊神话中大力神赫拉克勒斯的侄子，其著名事迹是和赫拉克勒斯一起除掉了九头蛇：他把一块烧得滚烫的烙铁印在九头蛇的脖子上，烧灼断颈，九头蛇的头便无法重生；赫拉克勒斯将八头一一砍下，又用巨棍打落正中的主头，埋于土中，用大石压住，才算铲除这一祸害。——译者注

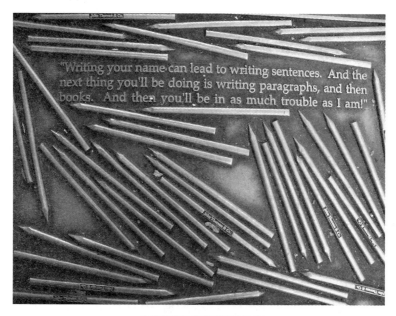

铅笔制造是梭罗的家传生意

诺给他们一些比金钱更有价值的建议。[1]

敏感的天性

他被叫作苦行僧；很少吃肉喝酒、饮茶品咖啡，或者其他被认为是"必需的"饮食，这种节制实在是因为他不觉得这样会减少他生活的快乐，事实上，他反而觉得更快乐。他对一切形式的粗俗或肉欲所表现出的厌恶，以及对"如拈花般温柔"的生活所表达的渴望，都透出他天性中罕见的细腻。不过，很少有人比他更热爱健康的物质生活。他的感觉异常敏锐，在日记里，他把颜色、声音、气味和味道描述为奢侈品，对此他永远都感激不尽。音乐对他有着独特的吸引力（他擅长吹笛），在日记和书信中，梭罗多次提到音乐是生活最大的乐趣。

然而，如果我们想发现梭罗性格中核心的、独特的品质，我们的目光就必须超越上述的官能，去洞悉他力量的内在秘密——支配他所有思想和行动的理想。作为超验主义者，与其他绝大多数人相比，他在更深层的意义上符合这个词语的涵义。

---

[1] 引自亨利·威廉姆斯（Henry Williams）：《1837届纪念毕业50周年献礼》，波士顿，1887年。

正是这样的理想使他的性格表现出一种表面的冷静和冷漠。"我爱亨利，"他的一个朋友说，"但是我不亲近他；要是挽住他的胳膊，我会立刻觉得像是挽住了榆树枝。"由此产生的误解，梭罗本人也能敏锐地感受到，他恰当地将这些误解归因于他自己极端的敏感和严苛的个性。日记中有这么几段（有可能会被过度解读）涉及他和朋友们之间的关系，从中可以看出，他太过敏感的天性似乎正被对友谊不必要的怀疑所折磨。此外，他对理想的执着固守在《爱情》和《友情》里都可见一斑，后文成为《河上一周》中最知名的章节的组成部分。因此，梭罗对友谊的珍视正是他维持友谊的主要困难，对他来说，友谊的稀有性是衡量友谊价值的标准；所以，除了少数几个特例外，他转向大自然寻求他在人类身上难以获得的东西。

要公平地评价梭罗，还应该听一听埃勒里·钱宁的话。作为梭罗最亲密的朋友，在这一点上他应该最有发言权。埃勒里·钱宁肯定《友谊》是"诗意的和浪漫的"，并认为如果仅从字面上阅读，人们会指责作者是愚蠢的。"生活中真正的友谊和情感，"钱宁说，"让无形的时光成为可感的现实，他比谁都明白。他指的是友谊，没有别的意思，而且一直坚持、从未改变"。

梭罗最好的朋友钱宁

对于这样一个性情中人，他需要的是闲暇、自由的呼吸、个人的空间，无法忍受被关在彬彬有礼的客厅、餐厅。处于熙熙攘攘、推推搡搡的客人当中，精神和肉体都会倍感拥挤，所有真情实性都被隐藏湮没，传统社会的愚蠢无聊和俗套做作只能是一种负担和烦恼。在这种情况下，他变得矛盾好斗，他会立刻表达否定的观点，从而阻止谈论每一个可能的话题，尤其是当他察觉到谈话中任何虚伪、浮夸或无聊的迹象的时候。对于自命不凡的人，梭罗尖刻的话语，或者如爱默生所谓的"指责性的沉默"，当然会给他带来愤世嫉俗和厌世的名声；然而，那些能公正地评价和欣赏他性格的读者，会分辨出一般性的粗鲁和言语尖刻的区别。粗鲁，梭罗自然是没有的，但是在他与朋友的交往中，偶尔会故意使用尖酸刻薄的言辞。康科德的爱德华·霍尔（Edward Hoar）先生说，

如果他在真诚和抱负中有什么矫揉造作的话，那也是一种天生的固执任性，它掩盖了梭罗的敏感多情，也让梭罗很容易就受到伤害，这种伤害来自针对他新行动的轻蔑批评。

并非厌世主义者

将梭罗归于厌世的类型是对他品性的误解，对他极为不公。他喜欢琢磨天真健康性格的各种表现，在他的一部作品中，他引用了古罗马剧作家泰伦提乌斯著名的"尊重我们共同人性"的格言，这格言也特别适用于他自己。如果梭罗就像某些批评家所讲的那样，是一个彻头彻尾的隐士，他就不可能以惺惺相惜之情、幽默诙谐之语，勾勒出健壮的康科德农民、曾到瓦尔登拜访过他的亲切单纯的伐木工、常常游荡在马斯基塔奎河畔身着棕色外套的老渔民，或者是纽约汽船上那个喝醉的荷兰人，还有在科德角热情款待过他的快乐的捡牡蛎老人。尽管他是理想主义者、激情分子，但是他却很有幽默感。这种幽默以一种清爽直率、简洁凝练的方式表达出来，十分有趣。同样有趣的是，一旦有机会，这个隐士和哲学家习惯性的严肃稳重会转变为轻松愉快，当他笑的时候，"那笑声足以震裂一个陶罐"。他喜欢吹笛子，有时会唱《汤姆·鲍林》(Tom Bowling) 和其他航海歌曲，充满了激情和活力；甚至有记载说，他曾有一两次即兴表演舞蹈，让朋友们很吃惊。

与孩子的共情

我们已经提到梭罗与孩子的共情,他也有非凡的能力逗孩子们开心。他会给孩子们讲故事、唱歌、吹笛子,或者表演各种杂耍来逗他们——这本事很可能是从他个性古怪的舅舅查尔斯·邓巴那里学来的。对于这个舅舅的怪癖,他总是很感兴趣。不过,还是"哈克贝利探险队"最能让他倾心服务。他会开着干草车,让孩子们坐在车里,开到盛产浆果的山丘上——还有谁能如梭罗一样,对每一个小丘和幽谷了如指掌呢?"他开着玩笑,大笑着,和他们一路嬉戏,一路颠簸前行。"当我们读着这些令人愉快的故事的时候,我们了解到他在这些情形下所表现出的仁慈善良和乐于助人,自然也就知道该如何看待对他的所谓厌世和粗鲁的指控。《弗雷泽》回忆录的作者说,

> 尽管不喜欢普通的社交,梭罗却是孩子们的英雄,是他们探险队的队长。他是康科德哈克贝利党的灵魂人物,这可是当地象样的组织。有梭罗和他们一起,肯定可以发现成片的结满美味浆果的灌木丛……一个孩子蹒跚跌倒,撒落了小心收集的浆果;梭罗跪在这个哭泣不止的小孩身旁,向他和大伙儿解释大自然需要留下一些

果实，为的是来年的收获。如果没有磕绊，小男孩也不会摔倒，那浆果怎么散落开、播种好呢？哈克贝利还有什么利呢？[1] 他还会安排那个为了大局而受委屈的孩子，在下一个牧场上享有第一个采摘的优先权。

北方斯多葛

梭罗对完美的苛求不仅表现在与朋友的关系上，对工作也是一样。他绝对地忠于自己内心的正义感，严格有序地开展工作，做测量或手工他从未失职。他自己恪守正直诚信，也同样期待、要求他人如此；若是对方不够真诚的话，他不会假装客气来掩饰自己的不满。任何卑鄙、虚伪或狡诈的行为，无论是富人之举还是穷人所为，都无法逃脱被熟人称为"可怕的梭罗"的严厉谴责。他自己辛苦赚来的钱，一分也不会浪费在浮华不实、不知节俭的人身上。他始终认为真诚为德行之首。

"北方斯多葛"是梭罗的绰号。虽然他的哲学观点是普世性的，但在情感举止上，骨子里却是地地道道的美国人，梭罗从不刻意掩饰对英国和欧洲时尚的漠不关心或厌恶之情。

---

[1] 哈克贝利英语huckleberry一词有浆果之意，原文huckleberrying利用了这一词意，幽默诙谐地表达浆果还怎么结果？——译者注

他在很大程度上具有美国人崇尚的品质,如自觉、自立,并宣称《瓦尔登湖》的意图是要"像早晨引吭高歌的雄鸡一样"唤醒他的邻居。正如他最爱美国一样,他赞颂自己的家乡康科德为最可爱的城镇。然而,这份钟爱并非像某些人所揣测的,是出于短视或狭隘——即便是狭隘,一叶障目不见泰山,那也不是梭罗的错,而是像爱默生所指出的那样,不过是亦庄亦谐地重申了老斯多葛派的古老格言:对于智者而言,什么地方都一样,"立足之地即为灵山"。秉此信条,梭罗在被问及最喜欢什么菜肴的时候,回答说:"离我最近的。"

梭罗的阅读

论及梭罗的文学趣味,迂腐的质疑也同样显得浮泛无根。诚然,他那认真务实的头脑不能享受玄学著作的精妙,或忍受道德论文的沉闷,或欣赏浪漫作品的华丽;此外,他不喜欢当时的期刊杂志,他感兴趣的"新闻"也不是报纸报道的新闻。虽然如此,他还是博览群书,而且他的鉴别力从来没有恶化成挑剔和偏袒。他最推崇的书籍无疑是他称之为"圣典"的、来自波斯和印度诗人和哲学家的书:《薄伽梵歌》《毗湿奴萨尔玛》《摩奴法典》《萨迪》以及其他东方宗教"经典"著作。梭罗主要阅读的是这些书的法文和德文译本,他以极大的热情搜集此类书籍,据说他有国内最好的此类藏书;1855年,多本精美的英语、法语、拉丁语、希腊语和梵语版本的书补充进来,这些书是一位年轻的英国朋友乔蒙德利先生送来的。梭罗的著作中有许多来自这些古书的引文,他对这些书的崇敬使得他嫉妒地断言书中所谓的"经"和犹太人的"经"同出一源。当一个来自哈佛大学的年轻客人告诉他自己正在研读《圣经》,梭罗立刻反问"是哪一部?"

梭罗的古典研究并不局限于早年,在随后的生活中他一直保持着研究的热情,荷马、埃斯库罗斯、维吉尔,以及其他收入《希腊选集》的诗人都是他最喜欢的。在《河上一周》和《瓦尔登湖》两本书中,他赞颂古典学习是所有阅读研究中最能让人感受英雄气概也最令人气定神闲的一类。"经典语言的价值,"温特沃思·希金森说,"最好地体现在梭罗所受的训练上。对他而言,经典语言是真正的'人文学科',把他与种族伟大的记忆联系起来,并赋予他很高的智力水准,使他永远不会像他的一些模仿者那样,把文学艺术当作既缺乏阳刚气又微不足道的事。我还记得塞勒姆已故的约翰·格伦·金(John Glen King),这位优秀的古典主义老学者曾经非常欣赏梭罗,把他看作'唯一一位全心全意热爱自然和希腊的人'"。他对希腊和拉丁作品的阅读不仅囊括了"经典",

而且还包括许多农业和自然史方面的传统权威作品，如亚里士多德、伊利安、泰奥弗拉斯托斯、加图、瓦罗和普林尼。

据钱宁说，梭罗对林奈[1]的崇敬是"超验的"。他喜欢研究傅华萨[2]和老式的编年史，喜欢像德雷克（Drake）和珀切斯（Purchas）那样的航海旅行，不放过任何一本他遇到的旅行书。在诗人中，经典英国作家是梭罗最喜欢的；他欣赏古老的民谣作家，喜欢阅读乔叟、斯宾塞、奥西恩、赫伯特、考利、夸尔斯；尤为喜欢弥尔顿，常常念诵这位诗人的《利西达斯》。梭罗较少阅读现代作品，主要的例外有歌德、华兹华斯、柯勒律治、罗斯金和卡莱尔。梭罗虽然钦佩罗斯金，但觉得他有点偏执。对于罗斯金，梭罗评价说，"对于我和霍屯督人[3]来说，他太艺术了"。对于卡莱尔，他表达了最真诚的钦佩，这一点从他1847年写给《格雷厄姆杂志》的文章中可以看出来。

还有一类品味迥然的阅读类别，梭罗为此花费了相当多的时间，即土著印第安部落的记录。这些记录是他花费大把

---

[1] 林奈（1707—1778），瑞典自然学者，现代生物学分类命名的奠基人。——译者注

[2] 傅华萨，法国中世纪编年史家，用了大量的篇幅和生动的笔触记述了1326—1400年间骑士时代的西欧社会风情和骑士们行侠仗义、英勇无畏的事迹，以及百年战争的场面。——译者注

[3] 霍屯督人，非洲西南的一支黑人种族。——译者注

时间从耶稣会传教士的历史、早期新英格兰编年史和其他各种信息渠道摘录汇集的。他对任何关于印第安人的事情都有着特别的兴趣，非常着迷。他佩服印第安人的自然天性，他们的岿然不动和泰然自若，以及他们和白人之间神秘的疏离感。他曾多次深入缅因州去研究他们的语言和习俗，每次也都能碰到一些流浪部落偶尔在康科德河岸边扎营几周，他便和他们攀谈，搜集信息了解情况。他在青年时期就开始收集印第安文物，因为康科德是一个古老的印第安部落聚居地，不乏此类宝藏：箭头、陶器和石器，通常在耕种的时候就能发掘出来。按常规，每年春天，当田野被雨水和融化的雪水冲刷干净的时候，梭罗就会出发去收割他的箭头庄稼。他对搜寻这些文物所表现出的不同寻常的热衷，让不善观察的人深感惊愕。"我都不清楚你到底是在哪儿找到那些印第安箭头的，"他同行的伙伴说。"这儿不就有一个嘛"，梭罗边回答边随手捡起一个，递给目瞪口呆的朋友。

这位现代思想家中的佼佼者对于野蛮衰败种族所持有的异乎寻常的关注，实为天性使然，他天生就对未加修饰、自然天成的事物有着强烈的喜好。他热爱大海、荒原；欣赏野生苹果林而非种植果园，醉心单调素朴的沼泽而非多彩芬芳的花园；看到小松树从肥沃的玉米地里抽枝发芽，他就由衷地高兴。印第安人——新英格兰地区原始生活的代表,会激发梭罗的共鸣自不在话下,正如乔治·博罗[1]痴迷于流浪的吉普赛部落一样。

梭罗的散步

梭罗对于原始自然的显见的青睐并非如批评家所暗指的那样,是一种病态性格的症状,而恰恰是他保持身心健康的方法。洛威尔(Lowell)说,"他需要找个大夫"。这并不属实。梭罗不是一个体弱多病需要自然治愈的人,他身心健康,并且其保持健康的秘诀即坚持户外自然的生活。散步是梭罗的日常活动,他每天至少要有四个小时,在山丘、树林和田野间漫步,尽量走小路近道,避开繁忙的公路、沙尘和喧嚣。老万宝路延伸到康科德的西南,穿过一片开阔的地段,并经过一片片灌木丛和野苹果林,这是梭罗最喜欢走的道路;当然,他喜欢的地方还有瓦尔登森林,以及突出飞悬于美港之上的"峭壁"。美港是村子南边康科德河两英里处由弯道形成的宽阔港湾。康科德河是他一年四季都经常去的地方:夏天,梭罗几乎天天驾船出航,他的船就泊在埃勒

---

[1] 乔治·博罗(George Borrow,1803—1881),英国著名游记小说家。写有《吉卜赛绅士》《荒凉的威尔士》等漫游冒险故事。——译者注

里·钱宁的河畔花园；冬天，冰冻的河流则成为散步的坦途。

除了偶尔有埃勒里·钱宁或者其他为数不多的朋友陪伴外，梭罗一般都是一个人。虽然也会有人主动提出要和他结伴同行，但是绝大多数时候他都以他特有的坦率加以谢绝。"他不想和人一道吗？"有朋友问。"他压根儿没想过。对他而言，没有什么比独自散步更重要的了；他不会和人一起散步。"可是，对于那些曾成功获得殊荣而和他一起出游的人来说，真是难得的待遇。下文引自柯蒂斯（G. W. Curtis）的一封私人信件中对梭罗的回忆：

> 我始终认为那是我人生中的一件幸事：当我在康科德的时候，爱默生、霍桑和梭罗正住在那里，而我也有幸结识了他们。在私交中，如果梭罗表现得如霍桑所言，是个"铁人"，那么，他的强硬与固执还比不上一颗橡树，因为橡树挺立于它的扎根之地，不依附任何束缚而倔强生长。我在康科德生活中一个难忘的回忆是，一天晚上得以和梭罗在河上划船。我们在船头的一个铁箱子里点燃了一堆油松，大火照亮了水面，形成一个光亮的圆环。小船就慢慢地漂着，我们就像躺在一张河流之床上面，随它穿过光环中变化莫测的河面。而在舒适

的船屋中，你的思想被他深深吸引，随着他的话语，沉浸在无尽的想象中。

另一位享受过此殊遇的人回忆说，

他极为善谈，我记得我是怎样在惊喜与兴奋中，听他把普通事物中的规律与本质抽丝剥茧、层层阐释开来的……他的嗅觉异常敏锐，就算是猎犬也比不过他；他还能够听到最为微弱的遥远的声音，甚至不必像印第安人一样把耳朵贴在地上。我们越深入丛林他就越表现得不同，脸上多出了我在村子里从没看到过的光彩。

与野生动物亲近

有关梭罗对康科德"哈克贝利党"巧妙和蔼的领导，我们已经引述过了，除此，我们还从同一渠道获得同样引人入胜的故事，讲述他是怎样带领他的朋友们搜寻到睡莲的。[1]

在这样的场合，他成为我们快乐的源泉。他给我们讲曾住在这里的印第安人的故事。他讲得栩栩如生，

---

[1] 蒙库·康威（Moncure Conway）：《弗雷泽》，1866年4月。

以至于孩子们几乎可以看到一个红人手拿弓箭在河岸上蹑手蹑脚,神出鬼没。无论在岸边还是水中,我们身边的每一株植物、每一束鲜花、每一条鱼,还有乌龟、青蛙、蜥蜴,都被他的知识魔杖所点化,化解了被我们无知咒语所丑化的低级形状,幻化为一种神秘莫测的美。他的一个令人惊喜的把戏就是,轻轻把手伸进水里,然后慢慢地举到我们眼前,我们都目瞪口呆,因为他手中握着一条肥大鲜亮的鱼,它心满意足地被他捧着,似乎认得他一样。

这种鱼很可能是鲷鱼,梭罗在《河上一周》中描述过它们守巢的习惯。"鲷鱼不很警惕,你可以站在水边近处随意观察它们。我曾经有一次站了半个小时,还小心地抚摸它们,它们也没有被吓着……甚至可以轻轻地用手把它们抓出水面。"

他对动物所怀有的与众不同的怜爱之情是梭罗性格中最为独特、最让人喜欢的特点。和圣方济各[1]一样,他对于低等物种也同样怀有爱怜之情、兄弟之谊。对他而言,这些生物

---

[1] 圣方济各(1182—1226),生于意大利亚西西,天主教方济各会的创始人,他热爱动物,传说和动物们建立了"兄弟姐妹"般的关系。——译者注

并非没有情感和灵魂的"野兽",而是具有"性格和尊严的另一种人类"。他反对人类自以为是地将动物的智力划定在"本能"的范围内,从而忽视动物所具备的智慧和行为适应能力。动物是他的"同乡和伙伴",和他一样,其个性理应得到认可,其存在理应得到理解和礼遇。

梭罗之所以能够对野兽、鸟类和鱼类施加一种不寻常的影响,主要是因为他拥有人道的关怀;此外,还部分地因为他具有中世纪隐士一般的耐心、沉静和警觉。在他瓦尔登的小屋,除了他自己,还住着其他生物:鸟儿们无所畏惧地穿堂过户;红松鼠绕梁竞走于屋顶之上;鼹鼠、野兔在地窖安营扎寨;山雀小憩在他扛进屋的柴堆上。有一次,当他在花园里锄地的时候,一只小麻雀轻轻落在他肩头,他觉得"比赢得任何肩章都更光荣"。这还不算,出于固执和怜爱,就算最凶猛的野兽,他也敢对之尝试各种冒犯性的亲近。有这样一个故事,为了观察一只松鼠的习性,梭罗把它带回家几天。却不料,几天后这只松鼠不愿离开,拒绝重获自由,一次又一次,不怕难为情地坚持返回到这个新朋友身边,爬上他的膝盖,坐在他的手上。最后,小家伙成功地留下一天,它把头藏到梭罗背心的皱褶里——这是梭罗无法拒绝的恳求。

诗人兼自然主义者

梭罗本质上不是搞科学的,而是一个"诗人生物学家"——好友埃勒里·钱宁曾这样称呼他。尽管他确实曾是波士顿自然历史学会的荣誉会员和通讯作者,但是,像他一贯所做的那样,他拒绝撰写有关从事这一方面研究和经历的回忆录。理由是他不能客观地将单纯的外部观察记录从观察者与被观察者内在的关联中分离出来,他认为这些事实正是通过观察者与被观察者的内在关联而联系起来的——简言之,主体的自然历史必然具有诗情。正如我们所见,他所用的方法与科学的解剖学家的方法是大相径庭的。他观察但不杀戮,因此,让鸟儿成为观察的目标,他是用情感而不是用手去握住它。据说,当康科德的闲汉嘲弄梭罗,问他是否真的不射杀小鸟就能研究它,他回答说,"那你觉得,我能先毙了你再弄明白你吗?"

他的日记记录了他与自然交流的频繁和热切,以及对寒来暑往、春华秋实经久不衰的兴趣。他记录动物的习性、狐狸和水獭的踪迹、鸟儿的迁徙和鸣叫、青蛙的呱呱、蟋蟀的唧唧、鱼儿的卵和巢穴、花朵的盛开、树叶的飘落、河水的水位、池塘和泉水的水温,还有无数其他户外生活现象的记录。像所有真正的博物学家一样,他热爱鸟类,在他的日记中，有许多是关于康科德本地的鸟类的条目——波波林克、知更鸟、麻雀、夜鹰、猫鹊和蓝鸟——他优美地描述蓝鸟为"负天戴蓝"。此外，他喜欢在夏日的清晨被鸟鸣唤醒，若是在冬日暴雪中听到小鸟的鸣叫，他也会欢喜不已。

康科德附近有大片草原和林地，对博物学家来说是一块好地方。梭罗以他特有的对悖论的热爱，喜欢宣称康科德超过了所有其他地方，是观察的中心——这一点受到爱默生温和的打趣。爱默生诙谐地说，他谈到大自然就好像"大自然是在康科德出生和长大的一样"。梭罗幽默的格言是"哪儿也没康科德好"。他认为美国所有重要的植物都已包括在马萨诸塞州的植物体系中了。在阅读了凯恩（Kane）的《北极之旅》后，他表达了自己的想法：大多数北极现象都可能在康科德被观察到——这一断言部分地被红雪和一两种拉布拉多植物的发现所证实。他想过为康科德的自然现象建立一个完整的日历，并相信如果他从恍惚中醒来，从植物来判断一年中的时间，对他来说会像从刻度盘上看一天的时间一样简单。

虽然在所有的花中，睡莲是他的最爱，但可以说没有一种花是他不认识和不喜爱的，就算是本地茁壮生长的杂草也让他感到欣慰。他常常步行数英里去看一些稀有的树木或灌木,并庆幸自己这样比在许多社交活动上花时间更有益。"有一次",一位在康科德拜访过他的朋友说,"他提到水边有棵木槿——一种在新英格兰罕见的花。我说想去看看,他说'花周一才会开,而且会败得很快'。我是周二下午去看的,的确晚了一天——花瓣都凋谢了。"

以上就是梭罗的性格特点。这一个性使他在最初的朋友和熟人中,以及后来更广泛的人际圈中,都成为一个有趣和令人好奇的对象。我们完全可以相信,一个具有如此强烈和真实个性的人,会常常发现自己身处"戏剧性情景"之中,在任何有争议的事件上,乡亲们最热切期盼的就是梭罗的裁定。当他声名鹊起,也拥有了越来越多的仰慕者,就有一些人远道而来以拜会他,与他交谈。他们相信"这就是他们要寻找的人,人中翘楚,一个可以告诉他们该怎样生活的人"。

第六章 以文学为职业

第二次住进爱默生家

1847年秋,在离开瓦尔登小屋后不久,梭罗又回到爱默生家住了一年。这期间,爱默生去了欧洲,梭罗就陪伴爱默生夫人,打理她家的花园。此外,他还经常帮阿尔科特先生打理他在"山边"的花园,这两个朋友在1847年和几个工人一起,为爱默生建造了一所避暑小屋作为书房。10月初,梭罗陪同爱默生到波士顿,送他远航。在给妹妹索菲娅的信中,他颇为感慨地描述了那间小屋的外观和尺寸,并说他不得不离开瓦尔登森林而只能在甲板上散步,"你知道,在那里,几棵树,都被剥去了皮"。而爱默生,即使是在访问英国期间,也并没有忘记梭罗。我们发现他在1848年曾策划了一本新的美英联合发行的杂志,梭罗被列为该杂志的主要撰稿人之一。1849年爱默生回到康科德后,梭罗就住到村里父亲那儿,此后余生这儿就是他的家。

也就是在此期间,梭罗开始考虑将文学作为他的职业,此后,他作为作家和演说家而闻名于世。众所周知,在文学创作的初期，他为《日晷》和其他杂志撰稿（大多时候都是无偿的）；1847 年，在贺拉斯·格里利的友情帮助下，他关于卡莱尔的文章被刊登在《格雷厄姆杂志》上。随后，1849 年《论公民的不服从》发表，是他无政府主义的先声，在《波士顿美学文集》上占有一席之地。

出版《河上一周》

同年春天，他大胆迈出了重要的一步，自费出版了他的第一本书《康科德河和梅里麦克河上的一周》（以下简称《河上一周》），该书由波士顿书商门罗发行。这本书收获的书评很好，但销量很差，结果，梭罗不得不把时间花在不合兴趣但报酬更高的测量工作上，筹集资金来偿还债务。这一版印制了一千册，大部分的书长年闲置在出版商的书架上，直到 1853 年，剩下的 700 册被全部退还给了作者。梭罗以他特有的冷幽默记述了这件事。他的这种勇气和自立精神，在文学创作史上无人可及。

终于，货到手了，我可以验货了。我的背最清楚，这些书比名声实在多了，因为背驮着它们上了两层楼才最终回到它们的出生地。那被滞留的 290 多册中，75 册送人了,剩下的才是被卖出的。现在,我拥有了一个近900册藏书的图书馆,其中700多册是我自己写的。作者能看着自己的劳动成果不好吗?我的作品在屋里堆起来,只比我的头矮一半,这就是我的全集。这就是作者身份。这就是我脑力的成果。这买卖就有一个好处:四年前,印刷商曾用结实的纸包好未装订的书,在上面写下"H.D.梭罗的康科德河,50册";所以呢,门罗只需要把"河"字划掉,并改成"马萨"(马萨诸塞州)就可以直接交给邮递员了。我现在不仅看清了写作的目的,而且看到了写作的结果。尽管如此,今晚我还是要拿起笔,坐在我那一堆死气沉沉的作品旁,记录下我可能有过的想法或经历,一如既往地自得其乐。事实上,我相信这个结果比一千人买了我的书更令人鼓舞,也更好。因为它不会影响到我的隐私,所以让我感到更自由。

除了几个有共鸣的读者外,《河上一周》一开始没能赢得多少青睐,这一点也不奇怪,因为它强烈的理想主义和明显的泛神论基调,并没有达到调和美国传统思想的目的。这本书虽自称是1839年两兄弟的旅行记录,但实际上展现的是作者在各种各样主题上的哲学理念。它以名词性标题为线索,以最自由散漫的方式将数篇散文和诗歌(大多转载自《日晷》)进行混编。这本书也因此变得主题模糊、杂乱无章以致不知所云;更有甚者,其先验的自我意识表现得几近傲慢自大。不过,尽管它有许多不足之处,但对于梭罗才华的仰慕者来说,它仍具有,而且必将永远具有难以形容的巨大魅力。它的支离破碎、含混模糊、毫无章法,恰恰增强了其神秘主义诗性色彩,突显了描写叙述的传神笔力。书中收入了好几篇梭罗的谈话——最为受人关注的是关于友谊和宗教的——以梭罗特有的娓娓道来的动人笔触写就。[1]

1849年秋,梭罗陪同一位朋友去科德角的一片荒野沙地。他特别喜欢这个地方,曾多次到过那里。以同样的心情,1850年9月,他在加拿大待了一个星期,埃勒里·钱宁是他的同行伙伴。每次旅行都为《普特纳姆杂志》上的一系列文章提供了素材;可是,由于作者和出版商之间的误解,两次旅行都硬生生得出这么一个结论:梭罗的直言不讳和针锋相对使他对这些误解的产生负有特别的责任。他1846年在缅因州森林的探险两年后被《联合杂志》报道;1853年和

---

[1] 1849年10月27日的《雅典娜》中有个关于《河上一周》的短评。那个评论家说:"书写得很差,不过零零星星有几件事情的记述,表明作者是有独创想法的人。"

1857年，他再次前往缅因州。[1]对这几次出游，梭罗意兴盎然。旅行开阔了他的视野，消除了禁锢自由的藩篱。但是，他始终坚决拒绝出行到更远的地方，尽管他无需担心费用，因为他的一些崇拜者和朋友时不时会发出邀请，希望能由他们出资让他环游世界。由于相信"踏破铁鞋无用处"，梭罗认为去康科德草地上看泽鹰都比到巴黎看盟军进城来得有趣。嘲笑他固守在一个地方自然不难，然而，考察梭罗的一生，就会发现他深知自己腼腆敏感的天性所具有的特殊力量和显著弱点。

在康科德家中

他在康科德的生活异常平静，波澜不惊。他一直是个孝顺的儿子和仁爱的兄弟。作为家中的一员，他和父亲住在一起，过着知足的生活。他帮着父亲盖了一所自己的房子，不用再租房做房客了。梭罗的书房在阁楼，他在那里收藏了鸟蛋、植物标本和印第安人的文物，并继续他的文学创作。他对父亲的尊敬丝毫没有因为他们性格迥异而减弱。他们性格的差异可以从日记中一些隐晦段落中看出来。我们从中发现了老人的一次抗议。这个安静、平凡但很实际的老人觉得

---

[1] 这些旅行的情况参见本书第七章相关部分。

这个想象力丰富的儿子简直是在浪费时间，因为他本可以在村里的商店里买到便宜的糖，却非要忙着在附近枫林中自制糖。父亲批评说那会让他荒废学业，而梭罗很典型地回答说那正是他的学业，投身于这样的探索，他觉得"就像进入了一所大学"。

梭罗夫人虽然和她丈夫同岁，但是她仍然举止活泼夸张、热心社会事务，而且非常健谈。据说，当母亲开始在餐桌上讲话的时候，梭罗就会耐心地保持沉默直到她说完为止，然后礼貌地颔首，重拾被母亲打断的话头，继续讲他自己的话。1849年，梭罗的姐姐海伦去世，使整个家庭遭受了巨大的损失，她和七年前去世的哥哥一样，是很有能力和前途的人。

与哈里森·布莱克的通信

大约就在这个时候，梭罗认识了哈里森·布莱克先生，他是住在马萨诸塞州伍斯特市的一名牧师和家庭教师。从1848年起，梭罗与他开始频繁通信，主要的话题集中在梭罗理想的思想方法。布莱克先生热心地将他和梭罗友好交往的回忆提供给我：

四十多年前，是爱默生先生首先把我介绍给他的，尽管之前我在学院里见过他。关于那次见面，我已经不记得什么了，除了他似乎提到天文学，并说自己缺乏研究的兴趣，相比之下，他更有兴趣开展对这个世界更为直接的研究——在他的作品中到处可见这样的评论。我第一次真正认识他是通过阅读他发表在《日晷》上的一篇关于"叶状茎"的文章。这篇文章现在收录在《河上一周》当中。这使我提笔给他写了第一封信，并收到了他的回信。这些信现收入书信专辑并得以出版。我们的书信往来持续了12年之久，偶尔我们还会相互拜访。他来伍斯特一般要么在公共图书馆看书，要么就在去看书的路上。

至于在我们交往过程中发生的一些外部事件，我想不起什么，也没什么可写的。我们在一起的时候，我们之间的交谈，或者更确切地说是他的谈话，都紧紧围绕着他的信件和书籍展开。现在回想起来，我们的关系似乎不能算是私交，他自己的话就能很好地解释这一点："我们的思想才是我们生命的纪元；其他的一切都只不过是，此时吹过我们的风的痕迹。"

我不介意他的外貌，而只在乎是否可以理解他的精神，虽然我认为两者并没什么不和谐之处。我们在一起几乎不谈私事。他的目的始终坚定而清晰地指向我们经验中最为本质的东西。在我认识的人当中，他的执着和认真让我印象深刻。和蔼可亲、多才多艺、亲密无间，这些令人愉快的品质对周围的人来说，在社交往来中是必不可少的，但是，我并不会在梭罗身上渴求这些品质。梭罗，无论是在世的时候，还是在我的追忆里，或是在他留给我们的遗产中，都堪称是生命中最崇高、最珍贵的品质的有力见证人。我不时会重读他的书信，而且我也并不觉得这样反复阅读枯燥无聊，因为每次我都能从中得到新的启迪，总能从中获得忠告和指导，时常能从中感到比以往任何时候都更强大的力量。因此，从这一意义上来说，这些信仍在邮寄中，并没有完全送达我手，很可能我终生也未必能全部收悉。这些信极有可能是写给那些能够完全读懂它们的人的。

除了徒步旅行之外，梭罗还偶尔去剑桥（哈佛大学所在地）和波士顿参观。剑桥吸引他的是大学图书馆，由于他不断地向图书馆馆长和校长申请，他在借书方面获得了不寻常的特权。而在波士顿，他喜欢研读自然历史学会的书，喜欢在长码头上散步，再有就是"桶"（bucket）[1]。同样，作为霍桑

---

[1] 原文如此，或许是印刷错误，颇为费解。——译者注

的客人，梭罗也会到访塞勒姆。霍桑于1846年离开康科德后，成为塞勒姆文化会馆的秘书，而梭罗偶尔会在那里讲一两次课。在这段时间里，他又经历了一次更悲伤的旅程。1850年7月，已经是奥索利侯爵夫人的玛格丽特·富勒从意大利归来时遭遇海难，在纽约附近的火岛海岸溺水身亡。梭罗和她的朋友急忙赶到灾难现场，试图找回她的遗体，但结果却是徒劳。

测量员梭罗

尽管梭罗现在已经获得了某种公认的作家地位，但他仍然不得不通过铅笔制作或土地测量来维持生活。这后一份工作，或者更确切地说，他受雇的那家公司，与他的志趣相去甚远。在这种情况下，他不再是诗人生物学家和理想主义者，而仅仅是"测量员梭罗"，正如他告诉朋友布莱克的那样。结果，上课就成为比较愉快的工作了，虽然他也同样说自己是别人的"雇佣而已"；当然，他的直率有时还是会让他和听众的关系变得紧张。有几次，他的课讲得很成功，不过，更常见的情况是他让听众感到困惑不解。"他不是个好老师，"约瑟夫·霍斯默（Joseph Hosmer）说，"他缺乏吸引力，课上只提供了简单枯燥的细节，就好像他在陪审团面前宣誓作证一样，仅仅列举了证据。所以呢，他从来不是一个成功的授课人和演讲者。我想这正是他想要的。"

1852 年秋，梭罗遇到了亚瑟·胡夫·克劳夫 (Arthur Hugh Clough)，后者和萨克雷[1]一起来到波士顿，然后到康科德拜访爱默生。"和爱默生一起走到一个有漂亮池塘的森林里，"克劳夫在 11 月 14 日的日记中这样写道，他写的池塘应该就是瓦尔登湖。"康科德非常空旷，是一个小村庄。村里几乎全是木屋，都漆成白色，挂着百叶窗，屋外是绿地，绿地上矗立着两座白色的木制教堂。村里面种着美国榆树和梧桐树；树木大都是松树——白松和黄松——矮小的灌木丛则占据了从低处河岸到湿软干草地之间较高的地带。一条小溪从中穿流而过汇入康科德河。6 点半，梭罗先生来了，茶水随即奉上；不久埃勒里·钱宁，钱宁小姐，还有其他几个人也到了。"同是这一年，纳撒尼尔·霍桑回到康科德，住在"山边"——现在改名为"路边"，是阿尔科特持有多年的产业。梭罗和阿尔科特投入了大量的工作改建了露台和避暑别墅。

帮助逃亡奴隶

前文已述，梭罗所具有的人文关怀是在早年废奴事业中就培养起来的，他自己也曾帮助过逃亡的奴隶。另一起此类

---

[1] 萨克雷（1811-1863），英国作家，《名利场》的作者，曾两度访美。——译者注

事件由康威（Conway）先生记下来。他是1853年夏天由爱默生介绍给梭罗的[1]：

> 当我第二天早上去那所房子时，我发现他们都很兴奋，因为有个南方的奴隶逃到了这里，天亮时被发现昏倒在门外，这个奴隶现在完全要仰仗他们的怜悯和仁慈了……我坐下来，看着这位学者异常卑微而温柔地对待奴隶。他必须吃点东西，肿胀的脚要洗一洗，他现在只想好好休息。这位所有人当中最冷静、最沉稳的人，一次又一次地走近发抖的黑人，叫他不要怕，告诉他这里就像家一样安全，不必担心有什么力量会再伤害他。梭罗这一天是不能散步了，必须守着逃犯，因为那时候还有猎奴者，所以过了一会儿我就走了。我所看到的这次紧急事件中梭罗所表现出的许多品质，让我印象深刻，何必执着于追溯这些品质的渊源，管它是《圣经》还是《薄伽梵歌》。

这个时候，梭罗的脑子里满是奴隶制的问题，因为在1850年，国会通过了不公正的《逃亡奴隶法》，1854年春

---

[1] 《弗雷泽》，1866年4月。

天,马萨诸塞州被一个逃亡奴隶的案子搅得人心惶惶。安东尼·伯恩斯是一名逃亡奴隶,州当局应其主人的要求将其遣返。这一事件构成了梭罗《马萨诸塞州的奴隶制》这篇论文的主题。这篇文章是1854年在弗雷明翰举行的反奴隶制庆典上发表的演讲。当时劳埃德·加里森(Lloyd Garrison)公开焚烧《美国宪法》,这一事件或许可以解释梭罗论文的激情基调。"就我而言",他说,"我曾经为之奋斗的最古老、最有价值的追求失去了意义,因为马萨诸塞州蓄意将一名无辜的人,安东尼·伯恩斯抓回来再度为奴。于是这个地方,不再值得我努力"。在他那篇《论公民的不服从》的文章中,当谈到同样的国家支持奴隶制的问题时,他表达了这样一个信念:如果马萨诸塞州有一个诚实的人为了抗议这种罪恶而放弃他的忠诚,并因此而被监禁,"那就该在美国废除奴隶制"。这是在约翰·布朗[1]出现之前写的。

出版《瓦尔登湖》,认识新的朋友

1854年发生了梭罗文学生涯中最值得纪念的事件,波士顿的蒂克诺公司出版了《瓦尔登湖》。这本书的大部分内

---

[1] 约翰·布朗(1800-1859),美国废权主义者,1859年率领二十二个白人和黑人组成的队伍,进攻弗吉尼亚州的哈珀渡口,后被判死刑。详见下文。——译者注

1882 年版《瓦尔登湖》的插图

容都摘录自梭罗在森林里居住期间所保存的日记,但也有一些段落是后来他修改过的。梭罗写道,他之所以讲述自己在瓦尔登隐居的故事,是因为乡亲们一再打听他的这种生活方式,他觉得有必要好好说说,其实那与康科德乡亲们熟悉的社会也并不遥远。正如作者和出版商所料,《瓦尔登湖》激起了热烈反响,尽管有些评论家冷嘲热讽、肆意抨击,但是这本书几年内就全部售罄,与它的前身《河上一周》[1]的滞销形成了鲜明对比。无论从哪方面来讲,《瓦尔登湖》无疑是梭罗的杰作,它是梭罗哲学思想的集合和精髓。梭罗以入木三分的笔力,灵动清新的叙事,激发起读者的共鸣和想象力,这本书的知名度也远超其他作品。

"欢迎你,英国人!欢迎你,英国人!"在《瓦尔登湖》中梭罗喊道,"我曾和这个种族的人打过交道。"此外,他在一封信中这样说道,"一个年轻的英国人,乔蒙德利先生正等我一起散步呢,"信的日期为1854年10月1日。这里提到的就是托马斯·乔蒙德利先生。他来自柴郡的欧瓦里,是赫

---

[1] 1855年3月,《纽约尼克巴克》发表了《城乡骗子》一文,对比巴纳姆(Barnum)和梭罗,并宣称《瓦尔登湖》只不过是巴纳姆自传的反调而已(巴纳姆的名言是"如果营销得力,你可以把任何东西卖给任何人")。1854年《普特纳姆斯杂志》也发表了一篇《瓦尔登湖》的书评;1857年《钱伯斯杂志》发表了名为《美国的第欧根尼》的文章,引起全国范围内对《瓦尔登湖》的关注。

伯主教的侄子，比梭罗小六岁。他似乎是梭罗密切交往过的唯一一位英国人。乔蒙德利在康科德和梭罗待过一段时间，曾陪梭罗去拜访了住在新贝德福德的一位朋友瑞克森先生。这位旅居美国的英国绅士对梭罗这位康科德隐士所怀有的强烈的个人崇拜，是梭罗独特魅力的明证。1855年，乔蒙德利先生回到欧洲后，他们一直保持着书信往来。那年年底，梭罗收到了来自这位英国朋友的一份精美礼物：东方书籍。这位英国朋友知道他对佛教文学有极其浓厚的兴趣。1859年，乔蒙德利先生再次访问了康科德。后来，他改名叫欧文（Owen）。1863年，他继承了舒兹伯利附近的康多弗庄园，并于次年去世。

梭罗声誉日盛的同时，朋友也越来越多。之前，与他关系密切的爱默生、阿尔科特和钱宁，仍旧保持着联系。之后结交的朋友中，丹尼尔·瑞克森先生是位记者。他们相识是在1854年圣诞节，当时梭罗正赶往南塔基特演讲，顺便到访新贝德福德，在瑞克森先生的家里停留了一两天。像以往发生过的情况一样，当他一开始向主人介绍自己的时候，被误认为是"兜售零货的小贩儿"，不过很快，在他展示出独特非凡的谈话能力之后，这一糟糕的印象就被纠正了。外貌上特别吸引瑞克森先生注意的就是梭罗炯炯有神的蓝眼睛，"极有智慧与人情味",此外,让他印象深刻的还有梭罗的削肩(这和爱默生很相像),长臂,还有短粗壮实的双腿——这让他特别能走,常常在日常远足中远超同伴。

桑伯恩先生是梭罗逐渐亲近的一位密友,他是1855年初来到康科德的年轻人,一位注定在四分之一世纪之后成为梭罗传记作者的人。桑伯恩记录了见到梭罗的第一印象,文字非常有趣。"梭罗显得极为机警,如同伶俐的野兽。他衣着朴素,留着胡须,脸色黝黑。"就是在这里,梭罗的胡子第一次被提到,应该是刚长出来的,因为在1854年的蜡笔肖像中,他是没有胡子的。

自从去过斯塔滕岛后,梭罗和《纽约论坛报》的编辑贺拉斯·格里利一直以书信保持着友谊,因为梭罗很少在纽约。作为梭罗在文学上的朋友和顾问,格里利在关键的时候,为梭罗提供了可贵的帮助,使他的几篇文章得以在《格雷厄姆》《普特纳姆》以及其他杂志上发表。格里利在纽约以北36英里的查巴克有一个农场,1856年初,他催促梭罗来这里居住,给他的孩子们当家教,这一提议似乎在一段时间被认真考虑过。

在第二年11月,梭罗和阿尔科特对查巴克进行了一次短暂的访问。在此,他经历了一次难忘的会晤,见到了一位更具影响力的卓越人物。梭罗与沃尔特·惠特曼[1],《瓦尔登湖》的作者与《草叶集》的作者,他们的会面在梭罗写给布莱克先生的信中有所叙述。这次会面非同凡响,他们两位有着强烈的反差——就好像他们是人性的不同侧面:一边是节俭简单、自我完善型,一边是开放包容、同情仁慈型。简短的谈话之后,梭罗非常欣赏惠特曼广博的知识,并感到他是"世界上最伟大的民主人士",是一个见识"超凡"的人。

梭罗写道:

> 说真的,我感觉被他感染了。他胸怀坦荡、慷慨大度,也放飞了我的思绪,让我看到了奇迹——就像是置身于高山之上或原野之中,而后——又被扔进了砖头堆里。虽然谈话时或显得失礼,交流偶尔不大畅顺,但是他的话就像是一首伟大的充满原始本真气息的诗歌,是响彻美国阵营的警报和号音。这多像东方人啊,我这么想着问他,是否读过此类书,他说,"没有;和我和说说吧。"

---

[1] 沃尔特·惠特曼(Walt Whitman, 1819—1892),出生于纽约州长岛,美国著名诗人、人文主义者,创造了诗歌的自由体(Free Verse),其代表作品是诗集《草叶集》。——译者注

惠特曼像

我们没有深谈——出现两个插曲——在我偶然说起的几件事中,我记得有一件,就是回应他代表美国的事,我说我不喜欢美国,不喜欢政治等等,这好像有点儿扫他的兴。

既然已经见了他,我便不觉得他书中任何吹嘘和自大有什么了。他也许是最不屑自我标榜的人,但他却是有资格自信的人。他是一个了不起的人。

让我们感到遗憾的是,惠特曼没有留下他对梭罗印象的记述,不过有趣的是,我们注意到他在《美国样板时光》里对此留下了笔墨。1881年9月17日,惠特曼造访康科德,见到了爱默生、阿尔科特和路易莎·阿尔科特父女,以及其他几位康科德的朋友。"谈了很多,"他说,"这位亨利·梭罗,从往来书信里可以看到他生命里许多新的闪光点。最明显的是玛格丽特·富勒的那封信,其他的还有贺拉斯·格里利、钱宁等等,当然还有一封来自梭罗本人的信,写得非常古雅有趣。"桑伯恩先生对我说,此时,惠特曼表达了对梭罗很高的评价。

次年,梭罗如愿见到了另一位美国伟大的民主人士——约翰·布朗,他当时刚离开堪萨斯州的反奴斗争,在1857年

3月来到桑伯恩先生家做客。主人把他介绍给爱默生、阿尔科特、梭罗和其他康科德的朋友。按照既定的安排,布朗将在市政厅的一次会议上就蓄奴问题发表讲话。"在约定的那天,"桑伯恩回忆说,"布朗中午从波士顿出发,然后和梭罗先生共进晚餐(梭罗当时住在他父亲家),饭后就在火车站附近投宿。这两位理想主义者,都反对纵容奴隶制的政府,所以一见如故。晚饭后,他们坐在一起讨论布朗也参与其中的堪萨斯州边界交火事件。这时,像往常一样,爱默生先生敲门进来,他是来给朋友办事儿的。三个人就这样在同一屋檐下相遇了。对于布朗所坚持的最鲜明的观点,他们俩也都深以为然。"晚上,爱默生和梭罗出席了市政厅的会议。布朗以恳切和雄辩的气势语惊四座,他向听众展示自己儿子所戴过的镣铐,即奴隶制的拥护者为监禁和折磨他儿子而使用的镣铐,从那一刻起,布朗的事业赢得了许多康科德人的支持。

到访布鲁克草场

有一次,梭罗去新贝德福德的布鲁克草场看望瑞克森先生。其间,他突如其来的玩闹让朋友始料不及。兴之所至,他高歌一曲《汤姆·鲍林》,还即兴手舞足蹈了一番。瑞克森先生说:"看到那时我们瓦尔登隐士可笑的样子,我实在忍俊不禁",就回到离屋子不远的棚屋里,而爱闹的阿尔科特还在那儿看娱乐节目。梭罗后来告诉他的妹妹索菲娅,趁着跳舞的闹腾劲儿,他故意踩了一下那个老实巴交的阿尔科特。

下文就是阿尔科特1857年日记中的节选:

> 1857年4月1日:离新贝德福德2.5英里的瑞克森先生家,是一座整洁的乡村住宅,四周是荒野牧场和低矮的树林,一条小河阿丘斯内特绕过房子,从东边汇入城边的美港湾。瑞克森家是田园式的,粗犷甚至带些野性。他一天中的大部分时间都待在田野和树林里,或是在他家附近的一个简陋的棚屋里。他在那儿写作、阅读他最喜欢的作家——库柏排名第一。他生活安逸,具有英国绅士的风度——坦诚直率,热情好客,能说会道;与人为善,诚实可信,也许善变莫测,偶尔固执己见。
>
> 4月3日,上午,在家和棚屋。梭罗和瑞克森犹如自然和荒野。梭罗以前曾经见过瑞克森,并收他做了门徒。但是,这和伍斯特的布莱克对梭罗完全臣服的态度不同。布莱克对梭罗天才的仰慕,带有些比女人还女人的温柔,是纯粹的柏拉图式信徒的优雅、精致和细腻。

但瑞克森在这种关系里扮演着男子汉的角色,用精神和能力应对大师难缠的"高超手段"。

布莱克先生对梭罗性格的评价前文已述;同样令人感兴趣的是瑞克森先生提供给我的说法,这或可成为本章恰当的总结。

在这一点上,我可以证明:虽不拘小节,但梭罗非常正直诚实,勤俭节约;他品味朴素,不挑剔,无论对事物、衣着还是称呼;他是一个令人钦佩的健谈者,一个讲故事的好手,不乏幽默感。他的蓝眼睛、鹰钩鼻和撅起的特别的嘴唇,大大增加了他的魅力。无论是从体格还是心智方面来讲,他都拥有罕见的勇气。在行动上,他曾在通往瓦尔登湖隐居小屋那条偏僻的路上,抓住过两个意图不轨的年轻人。当时他们正打算把一位年轻姑娘从回家的路上掳到村里去。在心智上,他有强大的男子汉的胸怀,因古典教育而学识渊博,熟悉古今的历史知识和英国文学——他本人就是不错的散文诗人,也许算不上是真正的诗人,可他的诗人品格不难从他的散文作品中感受到。

第七章 去远方旅行

梭罗的旅行方式

为保证梭罗在康科德的生活故事的完整性,我们将他在1846年至1860年间的一些主要短途旅行稍作整理。

首先,是旅行方式。他认为,最完美的旅行是没有行李的;在积累了相当的经验后,他补充说:"徒步旅行者最好的旅行袋是方巾,如果讲究外表的话,还可以用牛皮纸包起来。"他会像普通人一样旅行,而不想像个绅士,花费不必要的时间在火车包厢里,待在久坐不动的旅客中间——"他们的腿一直闲着";或者成为旅馆房东礼貌和贪婪的猎物。他更愿意徒步旅行,晚上借宿于农民或渔民的家里。在那里,他可以坐在厨房的炉火旁,听他一直都很感兴趣的谈话。

"最便宜的旅行方式,"他在《河上一周》中写道:"是在最短的距离做最远的旅行,这就是徒步旅行,只带长柄杓、勺子、鱼线、印第安餐、一些盐和糖。在池塘或小溪边,你可以抓鱼、做鱼;可以煮速食布丁;或者,你可以在农民家花四美分买一条面包,在路上的小溪里把它浸湿,沾点儿你带的糖——这就足够过一天了。"他穿一件破旧的灰色外套，戴一顶土褐色帽子，还随身带了一块脂油来给靴子上光。"有许多好管闲事的擦鞋匠"，他告诉我们，这些人误以为他是个绅士，所以在他睡觉脱了鞋子以后，就把他的鞋子拿走了，"他们还没有把靴子擦干净就会开始后悔的"，那样做并不会让他开心。让他更开心的是，当他经过田地时，有农民叫他帮着晒干草；或者把他误认为是个走村串户的修理工，让他做些修理的工作，修理个钟表或雨伞；又或者，一个偶然的机会，一个男人想买他绑在腰带上的锡杯。

在开始探险之前，他习惯于先从地图和指南中获取所有可用的信息，他还经常随身携带马萨诸塞大地图的一部分。他的行李很快就收拾好了，因为他早写好了一张单子，列着他要带的为数不多的必需品。这其中有缝纫材料，用于压制植物标本的书、望远镜、指南针和测量卷尺。在之前的探险中，他学会了户外露营的本领，可以很熟练地在最短的时间内搭建帐篷或棚屋。旅程中，梭罗最喜欢的饮品就是茶——他在自己的锡杯中泡又浓又甜的茶。正如钱宁所提及的那样，这位旅行者不仅恢复了精神，而且还感到"越来越依赖茶叶了"。他喜欢携带一大块蛋糕，带李子的那种，因为他发现这样他一下就同时解决了晚餐和甜点。这样简单装备以

第七章 去远方旅行 | 167

梭罗的望远镜

后，他就完全不用考虑时间表和旅馆名单了。他可以到任何他喜欢的地方漫游，并花时间尽情观察所到地区的动植物。这种探险活动，不仅本身就是一种多姿多彩的愉快生活，而且也是收集各种藏品的一种手段，同时还为他的写作提供了新鲜的素材；就像1839年那次远足，在为期一周的时间里，梭罗就收获了非常愉快的经历。因此，很自然地，他后来经常进行类似的旅行。

远足至科德角

科德角是梭罗于1849年造访过的一个长长的沙地岬角，他后来多次把它喻为"马萨诸塞州露出的臂弯；在她身后，是守护着她的祖国。她背朝格林山，植足大海底，岿然不动如壮士般守卫她的海湾"。一切野性荒芜的风景都吸引他，他喜欢这单调漫长海岸的荒凉无垠：漂浮的木头、海带、成群的海鸥和鸻鸟，以及不绝于耳的海浪声。他对这片广袤沙地的描述绘声绘形，让人有身临其境的感觉，海浪的冲击和怒吼重现眼前，如作者所言，我们在阅读的时候，仿佛在"耳边放置了一个巨大的海螺"。

正是在这样的环境下，梭罗目睹了一艘爱尔兰双桅帆船在科哈塞特失事后的悲惨场面。那是一个风雨交加的十月，他正和一个同伴（虽然名字没有记载，但想必是埃勒里·钱宁）一起散步沉思。"一天又一天，靠着一双耐穿的步行鞋子，他沿着平坦的海滩缓缓行走——一边是无尽的汪洋，另一边是生命最简单的形式——他冷峻地思索着两者。"他们向北进发，沿海角临近大西洋的一侧，一直走到了它的上游普罗旺斯镇。他们避开了沿途的城镇和村庄，在渔民和灯塔看守的小屋里过夜，梭罗好几次被当做是个行脚贩夫。"好吧，"老渔民并不相信他们的解释，并说道："你们带着啥都无所谓，只要带着真话就行。"在韦尔弗利特，他们在一位卖牡蛎老人的棚屋里歇脚，老人的傻儿子叫嚷着非要找一把枪，崩了这"该死的书贩子，对书说个没完"。这还不算是最严重的。当他们在科德角的时候，普罗旺斯银行发生了一起抢劫案。梭罗后来才知道，警方的嫌疑竟一度集中在他和同伴的身上，在整个科德角一路追踪他们。

《科德角》一书的部分内容分别发表在1855年的《普特纳姆杂志》和1864年的《大西洋月刊》上。文章风格无定型，并且引经据典，所用引文多出自历史古籍和少有人知的地方方志，但是言语间闪烁着作者的幽默和智慧。有人说，从某种意义上说，《科德角》是梭罗的书中最人性化的作品，语气要比《瓦尔登湖》温和许多，仿佛大海柔化了他的思想。尤为出色的是对韦尔弗利特的牡蛎老人和普罗旺斯镇的"船长"的刻画。梭罗写道:"这位被邻居称作船长的人,可能他的船早已沉没,他叼着烟斗就像是独自一人在用牙齿咬着折断的桅杆,只能在象征的意义上沉醉其中。但他至少能讲一两个好听的故事,来证明自己并非浪得虚名。"这几次访问的经历最终浓缩成了《科德角》中的故事。

美国佬在加拿大

1850年9月25日,梭罗和埃勒里·钱宁开始了在加拿大为期一周的旅行。按梭罗远足的惯常风格,他们各自简装易行(梭罗承认他这次穿了件"恶劣天气防护服"),相应地还带上了他们自己设计的"雨伞骑士"和"捆绑骑士"。他们首先去了蒙特利尔,那里的圣母教堂给梭罗留下了深刻的印象,正如他在一篇非常有代表性的文章中所描述的那样:

> 如同瞬间进入了城市中的溶洞——祭坛和金饰就像是闪烁的钟乳石——静穆的氛围和昏暗的光线特别适合有益而又严谨的思考。身边有这样一个可以天天进出的溶洞,抵得上我们千百座只有周日才开放的教堂。那样的教堂还没来得及通风,就熙熙攘攘地挤满了会众。

而在这样的教堂里,牧师无足轻重,你可以自己布道,也可以听到这宇宙对你布道。当然,在康科德,我们什么都不需要。我们的森林就是一座这样的教堂,而且更宏伟更神圣。我觉得它的价值不仅仅局限于宗教,它更具有哲学和诗学意义。希望每座城市不仅要有读书的场所,同样也有思考的场所。也许有一天,家家户户不仅有卧室、餐厅、聊天室或客厅,而且还有沉思室。它将被建筑师们纳入设计蓝图;用一切有助于严肃思考和创新思维的材料来装饰。如果它们能够被信徒的想象力神圣化,那我就不再反对圣水或其他简单的象征物了。[1]

从蒙特利尔出发,他们一路来到魁北克,然后到达位于圣劳伦斯河下游 30 英里的圣安瀑布。在那里他们住进了当地一户人家,可这家的法国主人及其他成员只能说几句英语,这家人很快得出结论,"如果他们和梭罗说法语,而且在各方面都不鼓励他说英语,整体来说,会较少犯错"。这家人抱定这样的想法,可实际却还有一个令人捧腹的难题:虽说梭罗拥有高卢人的血统,可使用法语从来都不是他的强项。为避免误解,他们就用粉笔在桌上书写。在加拿大的短暂停

---

[1] 《普特纳姆斯杂志》,1853 年。

留期间，让梭罗印象深刻的主要是加拿大城市帝国主义和美国自由独立的乡村生活之间所显现出的强烈反差。在梭罗看来，加拿大的城市居民是"处于双重烈火的煎熬之中——军队和教会"。

《加拿大之旅》一书详述了他的此番经历和印象，部分内容刊登在1853年的《普特纳姆》。它无疑是作者最不成功的作品之一，虽有些优美的段落和有趣的笔触，但对城市的描述过于冗长，就像贺拉斯·格里利评价的一样："都被写死了。""关于加拿大，"梭罗在开篇写道："我怕是乏善可陈，因所见不多，所得便甚少——这趟加拿大之旅我只得了感冒。"

到缅因森林的三次远足

缅因森林位于新英格兰的东北端，梭罗三次游览这里主要是为了满足他对印第安人习性所抱有的兴趣和强烈好奇心。1846年9月，在他离开瓦尔登隐居地两周的时间里，他去了缅因州，并与一位受雇于班戈木材贸易公司的堂兄一道，沿着培诺伯斯科特河的西部支流航行，登上了海拔5000多英尺的克塔顿——新英格兰海拔较高的山脉之一。

1848年发表在《联合杂志》上的《克塔顿和缅因州森

缅因森林

林》一文记录了这次探险。该文形象地刻画了边远的木材农场和木屋；详细记述了制造平底小船或叫"树皮艇"的过程；以及他们怎样驾驶这样的独木舟穿行于培诺伯斯科特河的急流中；还有他们别出心裁地从克塔顿山顶飞泻而下的清流中捕捞鳟鱼的描写。当然，最浓墨重彩的一笔，是缅因原始森林的静谧，这里仍然是熊、麋、鹿、狼和其他野生动物出没的地方。

差不多到下山的时候，我才完全意识到，这就是原始的、未驯服的、永远不可驯服的大自然，无论人们叫它什么。我们正穿过"焦土"，它如此荒寂不由令人猜测可能曾遭雷电，虽然没有发现任何最近的焚火痕迹，甚至没有烧焦的树桩；好吧，它的确看起来更像是麋鹿的天然牧场，如此孤寂，如此荒凉，偶尔见到横卧的林木，偶尔碰上低矮的白杨，偶尔又是一簇簇的蓝莓。我发现自己熟悉地穿过它们，就像曾经熟悉如今又被弃置的牧场，或是被人部分地开垦；会是谁，是兄弟、姐妹还是族人开垦了它，占有了它，我期待所有者站出来阻止我通行。一个荒无人烟的地方让人难以想象。我们已习惯于想象人的无所不在和人无所不在的影响。然而不,我们并没有见到过真正的自然,除非见到它这般的广袤、阴郁、无情,哪怕是在城市中……

在缅因州的荒野中,最引人注目的是森林的连绵起伏,仅有极个别间隔或空地,远比想象的要少。除了极少数被烧毁的焦土,河流所形成的罅隙,高高的、光秃秃的山顶,还有湖泊和溪流,森林更是绵延不绝。它的阴森和峥嵘超乎你的想象,潮湿的蛮荒之地让人难觅踪迹,到春天就云蒸雨降,到处泥泞不堪……谁能描摹这片荒山野岭莫以名状的温情和生生不息的生命,在这里,纵然是隆冬时节,却永远如同春天,苔藓日生、枯木发荣,似乎欣欣然享受着永驻的青春;这幸福、天真的自然,婉如恬静的婴儿,幸福得忘记了哭闹,唯有叽叽喳喳的小鸟和叮叮咚咚的小溪。

1853 年秋,梭罗在同一位亲戚和一位名叫乔·艾特顿 (Joe Aitteon) 的印第安猎人的陪同下,第二次来到缅因州森林,他这次的目的地是车桑库克湖 (Chesuncook)。以《车桑库克》为题的文章发表于 1858 年的《大西洋月刊》上,有很大的篇幅与猎鹿的主题有关,其中包括了梭罗作为目击者,在某种程度上,作为参与者对于"屠杀麋鹿"的思考。

《阿勒格什和东支》记述了他在 1857 年 7 月——此时他已经健康欠佳长达两年时间——第三次也是最后一次到缅因州的旅行，这篇文章成为后来出版的名为《缅因森林》一书的结尾部分。此文主要涉及地理主题、植物标本和乔·波里斯（Joe Polls）的性格，这是一个聪明的印第安向导，梭罗从他那儿获得了许多有价值的信息。"至于梭罗的勇气和血性，"康科德的爱德华·霍尔先生作为这次探险的伙伴，这样说道："凡是见过他怎样穿越培诺伯斯科特河的岩石和急流的人，见过印第安人如何信任他的技巧、敏捷和胆量而将独木舟连同生命交付给他的人，是永远不会质疑的。"

下文是梭罗写给温特沃思·希金森上校的信件摘要，主要是讨论上校穿越缅因森林到加拿大的旅行规划，有趣的是，他写得十分精确详实：

康科德，1858 年 1 月 28 号

敬爱的先生，按照您提议的方式去马达瓦斯卡（Madawaska）是完全可行的。但去魁北克的路线则有问题，我在地图上找不到"糖面包山"。如您所知，最直接也是最常规的路线是取道蒙特雷索、阿诺德和肖迪耶河畔新修的约翰·史密斯路，这一路线比较实际。如果您的目的是想看看魁北克的圣劳伦斯河,那么您可能要穿过里维耶尔迪卢(附:霍奇有一篇描写他取道阿勒格什去那里探险的文章。我想您可以在第二份《缅因州和马塞诸塞州公共土地地质报告37款》中读到它。)去年夏天我们和印第安人一起的时候,谈到去圣劳伦斯时曾提到另一条线路,好像是靠近马达瓦斯卡,亦或许是圣弗朗西斯,这条线路会比霍奇节省不少舟车劳顿。

我不知道您是否想过乘独木舟上溯圣劳伦斯河——但如果您想过的话,您的行程可能会被急流和激浪耽搁,对于独木舟来说,这样一条湍急河流上的浪常常冲得太高了。经肖迪耶河到达魁北克探险一路蔚为壮观:沿着圣劳伦斯河顺流而下到达里维耶尔迪卢,然后经过马达瓦斯卡和圣约翰回到弗雷德里克顿,或者再进一步:顺流一路而下。重要的一点是……

也许你需要更多的细节。我们(我们三个人)用了整整26磅硬面包,14磅猪肉,3磅咖啡,12磅糖(可能更多),还要算上一点茶,印第安餐和米饭,还有大量的浆果和鹿肉。这是非常非常奢侈的。我以前不带咖啡、糖和米饭。至于干粮,除了硬面包和猪肉可以随你口味和习惯带上一些,其他都不必要。这些就足够了,你根本没有时间也没有盘子什么的来做其他的东西。当然，你可以带些印第安餐来配炸鱼，再带六个柠檬，如果再有点儿糖，会很爽，因为那里的水本身就是温的。

为了节省时间，糖、咖啡、茶、盐等等，应分别装在不透水的袋子里，贴上标签并用皮革绳系好；一应器具和毯子都要放在两个印第安大橡胶袋里，防水的更好，如果您能找到。我们的不防水。

一个四夸脱的锡桶就是一个很好的水壶，满足各种需求，锡盘则携带方便，简单实用。别忘了印第安橡胶背包，有个大口盖，能装很多抹布，旧报纸，细绳和25英尺长的结实的强力绳。

在印第安橡胶服里您最多能再穿一件轻便的外套，并且工作时穿不了。

本想再多详尽一些，但也许已经巨细无遗了。

——您忠实的，

亨利·大卫·梭罗

热爱山林

我们已经提及梭罗对山的喜爱。他对地形拥有超凡的本能直觉，如果再有地图和指南针，他就能毫无差错地穿过最荒芜的地区，还可以大气不喘地一路跑上最陡峭的地方。钱宁说："他登上莫纳德诺克山和鞍峰山这样的山，都是自己规划路线。他会在山顶打开地图，划出一条到达山下一个他想要去的地点的路线，实际的路程或许会有四十英里远，然后沿着最近的路径勇敢地出发。低地人看到他像迷路似地爬上高处，或是看到他跳过牛场的栅栏，就好奇地打趣他是不是从云里摔下来的。"

1858年7月，他和他的朋友爱德华·霍尔进行了另一次探险，这次去了新英格兰的瑞士——新罕布什尔州的怀特山，19年前他曾和哥哥一起去过那里。他们乘马车旅行，而梭罗在他的日记中抱怨说：这种旅行方式让露营地的选择失去了独立性，不够简单，不够冒险，不合他的口味。他也不喜欢新罕布什尔州建起的"山中住所"，出于方便游客的考虑，这些房屋附带有大会客厅和其他城市相关设施。梭罗却说："还不如在雨中以云杉为屋呢。"在新罕布什尔州度过的两周时间里，他们主要的探险是登上了新英格兰最高的山峰华盛顿山。从山上向塔克曼峡谷行进时，梭罗在陡峭的雪坡上没能站稳，好在他把手指深深插入雪地，死死抓住，才逃过一劫。他们在靠近峡谷底的一个矮杉种植园里露营了几天。由于向导点火时的疏忽大意，几英亩的灌木丛被烧毁了。第二天下午，梭罗在攀岩时扭伤了脚踝，在营地里躺了两三天。

莫纳德诺克山高约4000英尺，能够从康科德西北地平线上看到，就像沃楚西特山一样，梭罗曾在他年轻的时候去过。1858年，在去怀特山旅行前的一个月，他和布莱克先生一起在山顶上露营了几晚。两年后，他又和埃勒里·钱宁一起登上了山顶。因为钱宁不习惯山地生活，所以很难像梭罗一样坦然接受诸多不便，不禁抱怨连连：疲惫、"太阳火辣辣的能把脸晒熟；品脱杯从来不擦洗；刮胡子的事没法提；袜子和泥炭有一比"，还有其他类似的糟心事儿。这次登莫纳德诺克山是梭罗最后一次露营之旅。当我们继续讲述他在康科德的生活故事时，将会明白是什么迫使他放弃了让他如此快乐的旅行。

第八章 「一生只有一世」

第八章 "一生只有一世"

健康退化

早在 1855 年,梭罗的健康已经开始让他自己和朋友们担心了。认识他的人经常提到,他本人具有钢铁般的毅力和强健的四肢,这使他常常能够在散步和户外活动中超越同伴。爱默生由于自己不太适合户外生活,所以对于梭罗不知疲倦地伐木、耕作而倍感惊奇;而钱宁和其他陪同过他出行的人,都遭受过山间野外的种种痛苦,而梭罗似乎对这些折磨无动于衷。然而,我们有理由相信,百折不挠的毅力,吃苦耐劳的精神,远比天生强健的体格更为重要。作为理想主义者,他总会要求自己的身体紧跟上思想的步伐;他对朋友的要求颇高,对自己的弱点也很严苛。爱默生说:"他出生时异常瘦小,我从没见过那么倾斜的肩膀,那么狭小的胸膛。好在他努力地长成了现在这样的体格。"据记载,他的大学学习曾因一场疾病而中断过一段时间。早在 1841 年,杂志上曾有一篇关于支气管病爆发的文章,联系起梭罗临终时的故事来看,那这篇文章就值得注意了。

1855年秋天，我们发现他正在记述已经"纠缠数月的虚弱"，并说他对稍稍的康复感到满足，尽管他很想"知道使他染病的首要原因是什么"。在接下来的冬天里，他能像以前一样去田野里走走了，并夸口说他已经把"趟雪和滑冰"当作了寻常事，如果不考虑他欠佳的健康状况，可以说他是康科德最伟大的健步者了。1857年春，他提到了"两岁时得的病"，从中我们可以看出，那令人不安的症状并没有完全消失。毫无疑问，他让自身一直承受着相当大的风险。这风险既有来自劳作负重和长途跋涉的艰辛，也有因鲁莽而使自己暴露于各种极端的天气下、强烈的季节变换中而不得不承受自然的严酷：冰霜、烈日、狂风、暴雪、午夜的寒冷、拂晓的雾霾。不过，到此为止，我们没再听到他生病的消息，他继续着我们已经描述过的那种平静而满足的生活。

　　虽然梭罗忙于各种文学创作计划，其中最主要的是他设计的关于印第安人的书，但是自从1854年《瓦尔登湖》出版以后，梭罗就再没有出过书。他与编辑和出版商的关系并不总是很好，部分原因无疑是由于他自己不随和的性情；不过他的文章一再被报纸杂志退稿，也有其内容上有违宗教体统的原因。据说，有一位编辑曾恳求爱默生去说服梭罗写一篇不包含宗教暗示的文章。1858年，在爱默生的建议下，梭罗将关于车桑库克（缅因森林）的文章投稿给《大西洋月刊》，洛威尔先生时任编辑，两人出现了新的分歧。在一个句子里，梭罗用他理想的风格说出了松树"活的精神"（"它和我一样不朽，也许会高耸入天堂，并在那里笼罩在我头上"）。未经作者同意，这个句子被编辑审稿时删去了。这是梭罗绝不会屈就的侮辱，他不再向《大西洋月刊》供稿，直到编辑权易手。当关于车桑库克的文章被收录进《缅因森林》一书时，这句话所引发问题就再次出现了。

梭罗父亲去世

1857年2月3日，梭罗在他的日记中记录了父亲的去世，老人享年72岁。这是他第三次为失去的亲人而哀悼，如前所述，1842年哥哥去世，1849年姐姐海伦去世。在给丹尼尔·瑞克森先生的信中，他对父亲的性格作了有趣的描述：

康科德，1859年2月12日

我的朋友瑞克森——谢谢你善意的来信。我把我父亲的死讯告诉你，既因为你了解他，也因为你了解我。我几乎没有感觉到他走了。他病了大约两年，虽然病情平稳，但最后身体衰弱得很快。直到他死前一周或十天内，他一直期待着再看到一个春天，结果发现这只是徒然，他知道自己快要死了。在他辞世前一周内，他几次弥留。甚至有一两次，他对这拖延表现出了一点儿不耐烦。一直到最后，他都很清醒，他走得很快。尽管我们都像以前一样在床边坐了一个多小时，等待大限的到来，但是当他终于离世，我们几乎都没意识到。

很高兴读到你对他社交品性所做的评价。我想我可以说他是非常朴实的，在他的追求中带有一点儿特别的偏执。他手头拮据，这让他大部分时间生活在窘迫中，可他心心念念的仅仅是怎么样才能做出好物件儿，铅笔啦，或其他的什么（他做过好多东西），还总也不满意自己所做的。他从来不会为了多挣钱而不顾念穷人，还装作好像努力是为了更高的目标。

虽然他年纪不算太大，也不是康科德本地人，但总的来说，他比现在活着的任何人都更称得上是康科德人。他大约12岁时来到这里，在21岁就自立成为这里的商人，那是50年前的事了。

那天晚上家人们围坐一圈，我和我妈、我妹妹、我妈的两个姐姐，我父亲的两个姐姐。那时我突然想到，

第八章 "一生只有一世"

我父亲虽然七十一岁,但是在这群聚在一起的八个家人里,他属于最年轻的四人中的一员。

最后,真快啊,而且在不经意间,一代人就逝去了!三年前,我和我父亲被叫去见证我们的邻居弗罗斯特先生签遗嘱。塞缪尔·霍尔当时在那里写,也在上面签了名。我最近还被叫去剑桥为遗嘱的真实性作证,我是当时四个人中的在场者之一,而现在我成了唯一还活着的人。

我母亲和妹妹衷心感谢你的同情。我妹妹特别同意你的想法,认为应当与健在的人以及健康的自然交流,这样才能恢复理智与愉悦。谢谢你邀请我去新贝德福德,但我觉得目前还不能离开。我不确定,不过我们应该可以在阿尔杰(Alger)来的第二天见到你。要在康科德的冬天散步,那个时候还不算太晚。我很高兴听到春天的鸟儿和歌唱的鸟儿,因为春天似乎离康科德还很远。我准备去伍斯特,并在22号作一场讲座,到时候会见到布莱克和布朗。你能在那儿见我吗?或者从这儿和我一起走?他们会让你有所受益的。乔蒙德利在南下弗吉尼亚州后又来到这里,大约三个星期前离开这里去了加拿大。他是个好人,恐怕我没能好好认识他。

请代我向瑞克森夫人和你的家人问好。

——你的，

亨利·大卫·梭罗

父亲死后，梭罗代表他的母亲和他的妹妹索菲娅，继承了这个家的生意，制作铅笔和石墨粉。

为约翰·布朗辩护

同一年，1859年，注定是梭罗最难忘的一年。

从一开始，梭罗就是一个热心的废奴主义者。我们已经看到，他是如何因为马萨诸塞州对奴隶制的支持而放弃了对该州的忠诚；也知道，他怎样就这个问题进行演讲、发表文章，而在当时，秉持公开的废奴主义原则既不安全也不适宜；我们更知道，他如何帮助逃亡的奴隶前往加拿大。他是一个真诚的美国人，但有些同胞却将对于民族自由的自豪和对黑人奴隶的冷漠混为一谈，对于他们的爱国情怀他嗤之以鼻。有这么一次，一个逃亡的奴隶被马萨诸塞州政府交还给了主人，据说他因此向康科德的镇民们提议，美国独立的纪念碑应该被泼上黑色油漆。

第八章 "一生只有一世" | 189

伟大的废奴主义者约翰·布朗（1800—1859）

当1857年他被介绍给约翰·布朗时,梭罗毫不迟疑地断言"他是一个正直的人"。而在前几年就已经写成并发表的《马萨诸塞州的奴隶制》中,他就预告了布朗的到来。不难想象在追随这个伟大解放者的事业的过程中,梭罗对布朗的钦佩是多么强烈。梭罗自己是一个个人主义者,在政治方面,想得多做得少,他特别钦佩布朗就是因为布朗具有他所不具备的品质。布朗英雄主义的最后一次抗争已如箭在弦,而随后的事件证实在某种意义上,这也将是梭罗人生的顶点。

1859年10月,59岁的约翰·布朗再次来到康科德。正是从桑伯恩先生的家,布朗开始了他最后一次、也是致命的一次反抗弗吉尼亚奴隶主的征途。10月16日,布朗在哈珀渡口被捕,接着就是长达7个星期的拘禁、焦虑和责骂,最后以审判和死亡告终。

永恒的荣誉注定属于梭罗这个隐士和理想主义者。面对美国媒体滔滔不绝的口诛笔伐,对所谓因胆大妄为而被处死的狂热分子的肆意嘲讽和谩骂,梭罗首先挺身而出代表约翰·布朗发表了公开讲话。梭罗公开宣告他将于10月3日星期日晚上,在市政大厅发表关于约翰·布朗为人和品性的演讲。当某些共和党人和废奴主义者以草率和不明智为由抨击这一举措的时候,他们得到了态度坚决的回应和确认:梭罗并不是在征求他们的意见，只是宣布了他要发表演讲的决定。各方人士闻讯云集，听众很多，都专心聆听梭罗的演讲——《为约翰·布朗队长辩护》，这是一篇各个方面都堪称典范的作品。他用最清楚、最明确的措辞，以他一贯的犀利风格和尖锐表达，对一个被指控为反贼和叛徒的人的行为，表示绝对支持和赞同。当我们读到他歌颂英雄约翰·布朗那气势恢宏的动人段落时，我们非常认同爱默生的这番评价，"所有人都心怀崇敬，很多人则怀着让他们自己都感到惊讶的同情之心去听梭罗的演讲"。

11月1日，梭罗在波士顿发表了同样的演讲。11月4号的《解放者》报道了这一事件。文章写道："这个激动人心的主题似乎把'康科德隐士'从他一贯的哲学冷漠中唤醒，他热情洋溢地讲了一个半小时。来听演讲的听众非常多，在演讲开始前半个小时，就挤满了演讲大厅，并对演讲者最富激情的表达报以热烈的掌声。"

时间太紧迫，从一开始就很难指望布朗幸免于难。这几周可能是梭罗职业生涯中唯一的一段时光，使他无法从大自然中获得惯常的宽心和慰藉。他把12月2日接到布朗被处决的消息时的难以置信的震惊记录在案。那一天，在康科德市政大厅举行了庄严的仪式，纪念殉难的布朗，梭罗发表了演讲,阿尔科特、爱默生和其他废奴主义者参加了仪式,桑伯恩指挥大家演唱了葬礼圣歌。[1]

梭罗把整个布朗的被俘与审判视为试金石,旨在将美国政府的本质暴露于光天化日之下。同样地,无人否认这也是他自己品性的试金石。约翰·巴勒斯(John Burroughs)中肯地评价说:"在众口一词的舆论面前,尤其是在反对奴隶制的人也众口不一的时候,梭罗立刻旗帜鲜明地支持布朗,这一行为的确为他增光添彩不少。这是他一生中最重大的事件,将会永远跟随他,让他沐浴在光芒之中。"《为约翰·布朗队长辩护》一文句句发自肺腑,足以让听者信服,即使是与梭罗意见最为不合、立场相左的人也认为,他们看到的不是一个愤世嫉俗的厌世者偏执地与社会公共舆论作对,而是一位比他们更有同情心和远大抱负的人。[2]

同胞们的认可

其实,康科德善良的人们对这个古怪隐士的看法已经改

---

[1] 这些演讲也可以在1860年波士顿《哈珀渡轮的回声》中读到。

[2] 然而,尼克教授在《美国文学》中认为梭罗是"一个懒散、自满、目中无人的人,几乎就是一个斯多葛兼伊壁鸠鲁式的广教主义者对于党派或国家的纷争,他无动于衷"。对于梭罗反奴隶制的热情,贾普(Japp)博士在他关于梭罗书中则给予了充分且公正的评价。

变了。大约 12 年前，梭罗在瓦尔登森林的逗留使他们感到奇怪并表示鄙视；如今，他们已经学会欣赏他粗糙外表下的善良和礼貌，以及他犀利而直白话语里的精明睿智。先知不愿意吐露那些抚慰人心的事情，因此，先知向来很难收获本地人的尊敬和爱戴，而今，梭罗却做到了；同胞们认可他性格中"作为本地权威向所有人诉说"的高尚性。

岁月的流逝和阅历的增加成功柔化了梭罗的性情；他的密友们注意到，他那与众不同、自以为是的个性中不那么讨人喜欢的缺点和粗鲁，随着年龄的增长逐渐失去了棱角；同时，他仍然具有天赋的新颖和独创，满怀自信地展望未来。不幸的是，这个未来注定不会到来；不过，令人欣慰的是，作为梭罗职业生涯中最后一次公开行动，为约翰·布朗正名的标志性和历史性意义是任何其他事情都比不上的。

开始生病

1860 年 11 月，致命的疾病找上门来。当时地上已经下了厚厚的一层雪，他站在雪里数树的年轮，结果得了重感冒，继而诱发了支气管炎。他坚持到沃特伯里讲课，此后感染加剧，他随后采取的预防措施已经太迟了，肺痨业已形成。值得注意的是，梭罗的爷爷，这位从圣赫利埃来的移民，也死于肺痨,所以梭罗有可能遗传了感染疾病的潜质。

1861年春天,在医生的建议下,生病的梭罗终于愿意做健康的梭罗一直拒绝做的事情了,即旅游;即使是这样,他还是宁愿选择国内旅游。布莱克先生无法陪他去明尼苏达州,陪梭罗前行的是贺拉斯·曼(Horace Mann),他是纳撒尼尔·霍桑的一个亲戚。6月26日,在一封从明尼苏达州寄给桑伯恩先生的信中,梭罗说他自己的健康状况比离家时好一些,但仍然远远没有康复。他半死不活地完成了这段旅程,尽管他也很享受在圣保罗附近和密西西比河新奇的风景中度过的那几个星期。梭罗和他的同伴从圣保罗继续行进,沿明尼苏达或圣彼得河上溯大约300英里,去参观苏族印第安人(Sioux Indians)在红森林(Redwood)的聚会,美国政府每年都在那里向部落支付一定的年金。在这次西部之旅中,梭罗最感兴趣的是土著酸苹果,正如他在1862年《大西洋月刊》上发表的《野苹果》一文中所描述的那样。

与此同时,约翰·布朗的英雄主义所点燃的火种并没有因其死亡而熄灭,南北各州之间的战争已于1861年春打响。战争最初的几个月里,北方的不幸对梭罗产生了巨大的影响,他常说战争持续期间他永远无法恢复元气,他告诉朋友们,在这些黑暗的日子里,他"为自己的国家而病倒了"。

洛威尔的说法毫无道理,他说"梭罗轻蔑地看着这场严肃的命运之剧,他自己的国家是布好的场景,这场戏的帷幕已经拉开"。"是梭罗还是洛威尔",温特沃思·希金森问道,"在约翰·布朗的刑台上、在第一出戏的帷幕落下的时候,最先发出了声音?假如梭罗能保全健康、留住生命,内战必将会把他全新的一面展现给世人,在很多人那里,内战就起这样的作用。"

最后一个冬季

明尼苏达州的旅行没能给梭罗的健康带来任何持久的改善。几周后,当他到新贝德福德拜访瑞克森先生时(在那一次,应瑞克森先生的要求,他拍摄了一张旧式照片),他那痛苦的咳嗽让朋友触目惊心,觉得他的健康正在迅速衰退。尽管他的脸还没有显露病容,可"眼中有一抹悲伤的阴翳"。在随后的那个冬天,梭罗的病情明显已经到了无法遏制的地步,没有挽救的可能了。

"去年11月能再次见到他是我的幸运,"柯蒂斯写道:"当时他到一个朋友的图书馆,借了一本普林尼的书信集。他非常消瘦虚弱,凶兆已很明显。他还是以惯常的口气说话,

梭罗一生中共照过两次相，第二次也是最后一次照于 1861 年，"眼中有一抹悲伤的阴翳"，一年后他便因病去世

没有激动,也不含悲伤。"[1] 然而,正是那种置精神于物质之上、置心灵于肉体之上的精神,在梭罗的生命中始终是最鲜明的特征,及至临终,这一特质越发突出地表现出来;无论他的朋友们的感受怎样,他自己似乎没有受到疾病的影响。他就像是从外部的立场在看自己,毫不惊慌、毫不焦虑地审视着疾病对身体系统的入侵,至少他的思想是永远不会被疾病侵扰的。

梭罗有一句格言,工作对于病人和健康人都是必要的,他的妹妹索菲娅记下了这一点。索菲娅在母亲的帮助下悉心地照顾生病的梭罗,直到生命最后的日子,他都一直在坚持让索菲娅将自己未竟的手稿拿给他。他即将成为《大西洋月刊》的撰稿人,因为该杂志现在由菲尔兹先生代替洛威尔先生做了编辑。在他生命的最后几个月里,用他妹妹的话说,他完成了"大量的工作",为杂志撰写了多篇稿件,并完成了远足缅因森林的笔记。在生命的最后时刻,他思想的关注点竟然集中在印第安人身上,这于梭罗而言并不难理解,因为他与印第安人颇为相似,不仅对野性自然无比热爱,而且有着斯多葛式的坚忍和毫不动摇的克制,无论命运为自己准备了怎样的遭遇,都能够以乐天知命的态度接受下来。

他百折不挠的毅力和坚忍不拔的精神让任何见证者都

---

[1] 《哈珀杂志》,1862 年 7 月。

惊呼神奇;在他面前永远不会感到悲伤,你几乎觉察不到如此欢愉和满足的灵魂正在死亡的边缘徘徊。当睡不着的时候,他会让妹妹移动家具,这样在墙上就会投下奇形怪状的影子;他说他希望自己的床是螺旋形的,自己就像蜷缩在一个贝壳里一样;有时,当躺着休息的时候,他会讲自己做过的奇怪的梦给朋友们解闷儿,说"睡眠是垂挂在床边的花饰"。只要他还有足够的力气,他就一定会和母亲、妹妹坐在一起吃饭,说"一个人吃饭显得不合群"。当他再也走不动的时候,他的床就被搬到了房子的前厅,很多邻居和乡亲们都来看望他。在生病的整个过程中,梭罗从他们那里得到许多让人感动和感恩的关切和善意,有时他会抗拒地打趣说,大家为他做了这么多事,他会羞于留在这个世界上的。

他在这些场合所说的话有几句非常典型。当钱宁这位同他一起散步和学习的忠实伙伴和亲密朋友,暗示他的生命已经出现了衰败的变化,"孤独开始好奇地从山谷和林间小路上窥视"时,他低声回答说,"有些事情的终结是件好事"。他对阿尔科特说自己"离开这个世界不会留下遗憾"。在最后几个月的痛苦中,他依然保持着言语的幽默和深刻。"好吧,梭罗先生,我们都得走。"一位好心的客人这么说,他想用陈词滥调来安慰这位垂死的人。而梭罗回答说,"当我还是个孩子的时候,我就知道我会死,所以我现在并不失望,死亡离你和离我一样近"。当被问及他"是否已与上帝和好"时,他平静地回答说,"从未与他争吵过"。另有一位熟人邀他参与一场宗教对话,谈谈关于来世的看法。梭罗迅速回敬说:"一生只有一世。"

当然,如果把躺在病榻上的梭罗仅仅描绘成坚韧不拔且拥有钢铁般的自我克制精神的人,这对他来说并不公平——毕竟他还有同样令人钦佩的温柔和仁爱的一面。他的窗户能够望向村里的街道,从那里可以看见他喜欢的孩子们跑来跑去,他曾经带他们去进行愉快的探险,去寻找睡莲和越橘莓。"他们为什么不来看我?"他曾问妹妹,并且说"我像爱自己的孩子一样爱他们"。让人高兴的是,孩子们经常来拜访他,最后一次相聚几乎和第一次一样愉快。音乐对他有着同样的魅力,直到生命的最后时刻都是如此,当他听到一个街头艺人演奏他童年时熟悉的歌曲时,据说他感动地流下了眼泪,还要求母亲给那艺人一些钱。

死亡从来不是给他带来焦虑感的原因,对梭罗这样性情的人来说,真正可怕的是在漫长而沉闷的冬天被困在室内,真可谓虽生犹死。每天的散步以及与大自然的交流,这些曾经是他生存的必需,现在却只能成为对过去的回忆,甚至连精心保存的日记也必须就此中断，因为事实上已经没有什么可以记录了。然而，关于这户外生活，这25年来他一直如此忠实不懈地忙碌着的户外生活，他现在只字不提，就此而言，没有一个陌生人会想象到"他有梭罗这样一个在田野或树林中的朋友"。只有一次，当他站在窗前的时候，他隐晦地表达了萦绕在心头的想法，"我在外面什么也看不到"。他对他的朋友钱宁说："那时候，天气潮湿，我们常常出去坐在墙边，我们认为自己是伟大的哲学家。"弥留之际的梭罗和理查德·杰弗里斯[1]有一种奇特而又令人同情的相似之处，理查德·杰弗里斯最像梭罗，也是一个热爱户外生活的人；但是梭罗更严厉、更沉默寡言的天性，使他不能像杰弗里斯那样表达自己，并从表达中获得慰藉。

1862年5月6日，一个美丽的春天的早晨，结局来了。8点钟，他闻了闻采自朋友花园里的一束风信子，然后要求把他扶起来坐在床上；他的呼吸变得越来越微弱，直到在母亲和妹妹的见证下，他没有痛苦和挣扎地死去了。他最后能被听清的话是"麋鹿"和"印第安人"——他的思想仍然专注于始终无法忘怀的场景。

---

[1] 理查德·杰弗里斯（1848—1887），英国作家，在39年的人生中，创作了十多部有关乡村生活的自然随笔文集，将其短暂的一生都用于体验和描述自然。——译者注

埋葬于"沉睡谷"

梭罗被埋葬在他哥哥和姐姐身旁,在"沉睡谷"——寂静的康科德墓地,离两年后成为纳撒尼尔·霍桑坟墓的地点很近。爱默生在葬礼上致辞[1],阿尔科特朗读了梭罗的一首诗歌《这就是我》。"我们一行人走进教堂,"一位当时在场的人回忆说:

> 44响钟声代表了他走过的年岁,在我们的心灵中,他的思想和情感都是如此真切,我们无法想象他已经不在了。看着无情的泥土在我们面前一层层撒下去,夹杂着野花和小树枝,对梭罗的怀念也弥漫入四周的山水之中。我们不禁深情地回想起那友善而杰出的人所说出的一句句妙语。朋友们的手虔诚地把这位孤独诗人的遗体送到大地的怀抱中,放到他出生村庄旁风景怡人的山坡上,这些风景要等多久才能迎来像他这样的观察者,能够辨识出风景的特色,能够与自然的情调相合。[2]

---

[1] 致辞随后在1862年8月的《大西洋月刊》上发表,并在1863年附在《远足》的篇首。在梭罗妹妹索菲娅的请求下,致辞发表时略去了几句话,其中有爱默生列举的梭罗特别尊敬的人——例如,约翰·布朗,废奴主义者;乔·波里斯(Joe Polis),一位印第安向导;还有"人群里大家都不认得的人",即沃尔特·惠特曼。

[2] W. R. 阿尔杰:《自然与人的孤独》。

沉睡谷墓地，梭罗长眠于此

他的坟墓以红色石头为碑，上面除了名字和去世日期外并没有碑文。现在石碑已经不见了，新树立的石碑上刻有家族成员的姓名、出生和死亡日期，约翰除外，因为没人记得他的生日。

梭罗收集的植物、印第安人的文物等东西，都捐赠给了波士顿的自然历史学会，他是该会的荣誉会员。他死以后，家里制铅笔的生意由妹妹索菲娅接手。她一直活到1876年。这一家最后一位成员是玛利亚·梭罗小姐，她是梭罗父亲的姐姐，比自己的弟弟和弟弟的孩子们都长寿，于1881年在缅因州以高龄寿终。至此，这个家族在新英格兰已无血脉，但梭罗的姓氏却永不磨灭地与他生前死后的地方联系在一起。有人恰如其分地评价说："康科德就是梭罗的纪念碑，上面有他自己写就的碑文。"在瓦尔登湖畔，一堆石头界碑标示出梭罗小屋的所在地，诗人自然主义者在那里度过了他一生中最难忘的两年，并写下了最令人难忘的著作。[1]

---

[1] 后来有很多人前来参观朝圣，其中最伟大的一位参观者在日记中这样写道："在霍桑和梭罗墓地的半小时。我出来后向上走，当然是步行，站在那儿沉思了一会儿。他们紧挨着，躺在公墓山地'沉睡谷'中一个令人愉快的树林里……然后我又去了瓦尔登湖，那片美如锦绣的湖水，在那里待了一个多小时。在梭罗独居的林子里，现在有一堆石头堆成了一个界标，用来标明小屋的位置；我也拿了一块，堆在上面。"——沃尔特·惠特曼《美国样板时光》，1881年9月。

梭罗小屋的原址

梭罗曾说，下面这些话可以作为他的墓志铭："我最大的本领，就是所需甚少。因为快乐，我拥抱大地，我很乐意被埋葬在它怀里。然而，我想起了那些我爱着的人们，他们知道我爱他们，虽然我从未对他们说过。"的确有一种无需言说的爱——深沉至极、温柔至极，却缄口沉默。而那些懂得这种爱的人，就会明白梭罗故事的秘密，并且永远不会忘记他的真诚和英勇的品质。

> 魂之所居，
>
> 神圣庙宇，
>
> 圣殿之音，
>
> 引他前行，
>
> 无无由之苦，
>
> 有自然之法，
>
> 享生命琼浆，
>
> 他无悔前行。[1]

---

[1] 选自 S.A. 琼斯论梭罗的诗作。

第九章 看穿生命的外壳

对体系的反感

梭罗不止一次声明拒绝刻意地鼓吹某种特定类型的学说。他是一位独立的思想家，带着异乎寻常的勇气把理论付诸实践，并在书中十分直率地表达自我，但对于自己同胞的思想观点，他并没有预先的设计。他过着自己的生活，说着自己的话，如果说他试图对他人施加影响，那也不是通过直接的论辩或改变信仰的劝导，而是间接地通过自己人格的榜样。有一次梭罗问一个成为神职人员的朋友，是否曾在传道中"如此幸运以至于能够说些东西"。当得到肯定的答复后，他评论道，"那么你传道的日子就结束了。你能够容忍再说一次吗？"

从脾气和天性来说，梭罗反感任何刻意的哲学或伦理"体系"；他质疑一切事物，不愿意接受任何哲学教条，也不会为自己的读者提供这样的东西。这种天生的不愿被学术教条羁绊的倾向在梭罗作品的本质和形式上都打下了清晰的印记，对此，我们要牢记在心，尤其是当他被说成是伦理福音的传道者的时候；然而，既然他事实上的确在坚守着一些重要的——也是总体上被忽略掉的——真理，我们就有理由，有所保留地，将他最经常表达的观点塑造成"学说"。

我们已经看到他首先是一位理想主义者——他的超验主义不是一种被采纳的信条，而是心灵天生的习惯，这种习惯主导了他全部的哲学，并且他从未背离过这种天性。就此而言，可以说他并没有同其他的理想主义者有异常显著的差别，理想主义者都或多或少地承认并遵循内在意识的引导之光。但我们要说的是梭罗不同于爱默生和其他超验主义作家的鲜明特征——在其学说和行为中所清晰展现的那种坚定的实践性。虽然理想总是摆在面前，但他对于纯粹形而上学抽象的妙论不感兴趣，而是将厚重的实在性作为推理的基础：于是他的哲学和性格便有了两面，一面是神秘、超验的，面对着未来无限的可能性，而另一面是实践的、尘世的，关注的是过去和当前的现实。

诚然，这两种品质并不总是能够和谐相处；梭罗并不在意将自己的想法系统化，也不在意保持语言表达的一致性。他自己曾经说，"我作为尘世的一个制造铅笔的人，怎么可能与诸神对话却还保持理智呢？"但一般说来，常识与超验主义意识的成功结合是梭罗学说的标志性特征；就是这样一位吹嘘要建造空中楼阁并为之奠定根基的梦想家和神秘主义者,其另外一方面的断言也同样有道理,"如果还没有坚定的根基就开始拉弓,他是不会从中得到满足的"。他的生命哲学目光极为锐利,思想健全且富有实践性。

有人断言说梭罗是"没有家庭系累的爱默生,他也不奢望拥有这些;虽然似乎不食人间烟火,却也仍有一丝仁慈"[1]。但是,将梭罗仅仅当作爱默生的学生和追随者的这种主从关系的论调,从两人关系的实际情况来看,并不能得到支持。爱默生自己在一篇日记中也坦率地承认,梭罗具有更强的实践性。"在阅读亨利·梭罗的文章时",爱默生在好友梭罗去世一年后写道,"我非常清楚他的活力,在他散步、工作或是巡视林地时,我注意到他那橡树般坚毅的力量,那敏捷的手所从事的田野劳作者的工作,是我一见到就要躲避的,这些都展现在他的文学创作中。他肌肉发达,勇于去尝试和完成的一些壮举,是我不得不退避三舍的。在阅读他的作品时,我在自身中发现了同样的思想、同样的精神,但他更进一步,把我原本只能在迷梦般的概述中传达的思想通过卓越的形象展示出来"。"梭罗与爱默生的相像",康威先生说道,"是肤浅的,就像是形似树叶的生物之于树叶。梭罗与

---

[1] 尼格尔教授的《美国文学》。

爱默生一样具有原创性。他不是任何凡人的模仿者；他的思想和表述在诉说着一种运作于宇宙之中的梭罗原则。"[1]

乐观主义者

梭罗的这种实践的倾向因其对于人类意志自由的坚定信念而得到支持和加强。"没有什么事实比这更加振奋人心"，梭罗说道，"人们毫无疑问地拥有一种能力，即通过有意识的努力来提升生命"。他的道德和宗教信条建立在一个牢固的乐观主义信念之上，认为自然的运作指向一个智慧且善良的目的；对于梭罗而言，欢愉是"生命的条件"，而失去勇气则不折不扣地是空虚散漫且缺乏感知力的失常状态。

在这种乐观主义信念的激发下，梭罗远比其他作家更为强烈地教诲人们说，要对自我的人格具有满足感；他希望每个个体都能平心静气地按照自己的条件和能力发展自我。不要浪费时间去思索过往，要活在当下，并对未来抱有无限的信心——这就是他实践哲学的本质所在；为了支撑这个信条，也为了在生命中的脆弱时刻焕发精神，当虑及此事的时候，他就求助于狂野自然永不衰竭的健康和慈善。

这种平静的、乐观的自然崇拜基本上决定了梭罗对于

---

[1] 《国内和国外的爱默生》。

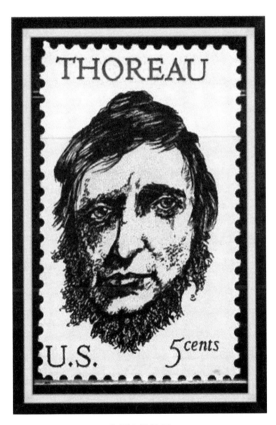

邮票上的梭罗

宗教派系的态度，宗教派系"勾心斗角的固执己见"，以及对于外部的恩惠和舒适的半遮半掩的渴望，都与他绝对的自我拥有形成直接的对照。"的确，今天没有什么行为"，他在《河上一周》中写道："比祷告、守安息日和重建教堂更加背离神。教堂是人类灵魂的医院，就像医院里满是肉身生病的人一样，教堂中充斥着庸医。那些被领入教堂的人就像是归隐所里或'海员温暖港湾'中领取养老金的人，在那里，你会看到一排'宗教瘫子'坐在户外晒太阳。希望那些心灵有力量的人们不要一想到有朝一日可能会在那里拥有一间病房，而给欢愉的劳作蒙上失望的阴影。"可以想象到，梭罗就宗教主题所发表的言论中透露出一种——贺拉斯·格里利所谓的——"挑衅性的泛神论"精神，这尤其体现在《河上一周》的"周日"篇中的著名段落里，这种精神必然曾经、并且正在使他在所谓的宗教圈中遭遇误解和不信任。对于梭罗，有人曾忠实地评价说，"他在圣徒和罪人中制造了同样的骚乱"。但梭罗不留情面的诚恳和辛辣锐利的言辞不应该使读者忽视这一事实，正是其宗教情感的诚挚和深刻使得他对所有的形式和教条发起了挑战。

那么，梭罗的伦理教诲的实践结果是什么呢？首先，他是一位诚恳的、不知疲倦的鼓吹者，倡导自我教育和自我尊重,并且一再强调保护我们的更高级、更高贵的本能的必要性,使其免受卑下的、琐碎的、世俗的染污。身体要被训练得洁净而又富有活力,小心保护身体,使其能够抗拒懒散、罪恶和疾病,同理,从智识的角度看,心灵也要保证安全,免受传统习俗和闲言碎语的烦神且有害的影响。梭罗极端敏感的天性——一种近乎吹毛求疵的精细的敏感——可以在他于精神性和动物本能之间做出的尖锐而又武断的对比中看得出来,尤其是他对于爱的主题的评论语调。"两性的交合",他说道,"我曾梦想是一种无以言表的美丽,美好到让人无从回忆。我曾经想过这件事,但在我的经验中它们都是转瞬即逝的,最让人无法挽留。奇怪的是,人们谈论奇迹、启示、灵感和诸如此类的事情的时候,似乎这些事情都已逝去而爱却一直存在。有人曾经追问是否人类不能被改进——如果他们不能被当作牛来养。让爱变得洁净,其他的一切都会水到渠成。因此,纯洁的爱的确是这个世界的所有弊病的万能药。"

对"忙碌"的反感

现代社会追逐私利的热切与躁动,忽视或无视思想沉静的需要,梭罗将之概括为"忙碌"。在他看来,作为诗意人生的对立物，没有什么比"忙碌"更甚，哪怕犯罪都稍逊一筹，"忙碌"是对生命本身的"否定"。然而，如前所述，他所推崇的对于每一个人的健康至关重要的悠闲，与懒散之间有着显著的区别；的确，很少有作家像梭罗那样，在文字和行动两方面都展示出时间的价值。如果说他拒绝商业和赚钱意义上的"忙碌"，另一方面，他又承认努力工作对于心灵和道德的重要性，就像锻炼对于身体的重要性一样，那些不能通过自己的劳动来养活自己的人对自己和他人都造成了伤害。出于同样的原因，他鼓励学生和有久坐习惯的人最好每天能够参与一些简单的劳动，并断言说："学生如果处心积虑要摆脱对人很有必要的劳动，并以此来获得自己贪求的闲暇和安逸，那么，他获得的将是可耻的、毫无益处的闲暇，自欺欺人地丧失了宝贵的经验，这种经验自身就可以使闲暇硕果累累。"

我们看到，梭罗的第一要求就是闲暇和自由发展空间，以便每一个体心灵都能够拥有空间去发展自己的独特品性，并追随自己天然性情的偏好，而不是被生存斗争压垮和扭曲。世上从来没有像他这样坚定不移的个人主义者。依照梭罗的格言，一切都应当受到审视；不应该轻信任何事物；就像爱默生对他的看法那样，他是"一个彻头彻尾的抗议者"，毫不犹豫地拒斥了很多被传统和经验所认可的风俗习惯。他宣称说，在这个星球上生活了三十多年，却没有从老年人那里听到过一句有价值的建议。当一个他认识的年轻人坦露说自己想要采取梭罗的生活方式的时候，他回答说，他希望每个人都找到并遵行自己的道路，而不是去走父亲的或邻人的路。

然而，不能想当然地认为梭罗完全忽视了明智的合作的可能性——相反，他在《瓦尔登湖》中明确表示，当倡导采取更好的乡村教育体系的时候，"集体行动是合乎公共机构的精神的"；在谈到他的加拿大之旅的时候，他描述了蒙特利尔部队在操练时通过玛尔斯广场的情况，部队像机器一样整齐，他惊叹说真正的合作与和谐也许是可能的，"设若人们愿意为了真正有价值的目标而这样诚恳地、耐心地、和谐地团结在一起"。但这似乎只是一个遥远的预期而已；在当前的环境下，他认为社会最好的希望在于通过个人努力而使得个体逐渐完善和进步。当傅立叶的学说在新英格兰兴起的时候，当旨在彻底再造社会和重组社会的各种合作型社群方案被热烈地讨论的时候，像梭罗这样睿智而又富有实践精神的思想家便不可避免地——尽管他是个理想主义者——越来越仰仗他曾经考虑过的个人独立的坚实基础。一本名为《人皆可及的天堂》的书用充满色彩的光鲜话语描述合作的神奇效果,在批评这本书的时候,梭罗就非常清晰地表达过这种观点——

> 天啊!这是这个时代号泣着的罪恶,这是人类缺乏信仰的普遍现象。除了通过个人,什么也不会产生。人若需要帮助,就需要一切。的确,这就是我们孱弱的条件,但却从来不是我们康复的手段。我们首先必须作为个人取得成功,然后才能享受到合作的成功。我们相信,我们见证的社会发展表明,人们梦寐以求的目标是不可能如此廉价地实现的。在改造世界这件事情上,我们对于合作没有丝毫的信心;世界起初并非是这样形成的。[1]

与这种强烈的个人主义紧密相连的是梭罗的无政府主义学说。他视所有现存的政府为"必要的恶",即便最好的政府也不过如此,但在人类社会当前的过渡时期人们只好容忍它的存在,他相信人类的最终状态是同原始状态一样的,那是一个个人解放的社会。他将政治弃置不顾,认为那是

---

[1] 《民主评论》,1843 年 11 月。

"不真实的，不可信的，也是微不足道的"。"年幼的人有福了"，他的新版的"登山宝训"这样说道，"因为他们不用读总统的致辞。"出于同样的理由，他对美国媒体的总体腔调表达了强烈的厌恶之情，在他看来，除了极少数的例外，媒体大都是唯利是图且逢迎时局的。在《为约翰·布朗队长辩护》和《马萨诸塞州的奴隶制》这两篇文章之中，他的情感找到了宣泄口，猛烈地抨击了为金钱卖命的杂志，这些杂志在为持有奴隶的党派服务时，竭尽所能、毫无顾忌。

但在这一点上跟其他地方一样，存在着夸大梭罗对于当代思想模式缺乏同情心的危险。的确，他宣扬无政府主义和公民的不服从；但在这个粗疏的外表之下，他热爱自己的国家，并且以其独特的方式可算作一位爱国者，不亚于马萨诸塞州的任何一个公民。他承认，美国政府虽然不是理想的政府，但是，从低于理想基点的水平来看的话，也算是相当不错了，不止一次，他表达过要成为和平、守法的公民的愿望。此外，他虽然鄙视政治和政客，但并不否认"众多的改革需要"，并且表明他知悉劳动阶级的状况注定要成为这个时代的至关重要的问题。但他所有的社会学说最终都指向了这一目标——必须扫清道路，让个人的性格得到自由发展。他说：

永远不可能有真正自由的、进步的国家，除非国家开始认识到个人是更高的、独立的力量，而国家的力量和权威就是从个人那里来的，并要依此给予个人应有的对待。我很高兴地想象国家最终能够对所有人展现公正，对待个人犹如尊重邻人；当有少数人要超然于国家之外，不与之打交道，只是履行全部的邻人和同胞的义务，而不愿意投入国家的怀抱，此时国家能够不把自身的停摆暂歇当作不合理的状态；一个国家如果能够结出这种果实，并且允许它一旦成熟就坠落地面，就能够为一个更加光辉灿烂、完美无瑕的国度铺平道路，这样的国度，我虽曾有过设想，却从没有在任何地方见到过。[1]

关于"素朴"的福音

依照梭罗的学说，应该通过个人的努力来改造社会，他对个人宣扬的福音是素朴。梭罗反复倡导素朴的生活（意味着质疑或者拒斥五花八门的人造的"舒适"和奢华，只依赖现实的必需品——食物、庇身场所、衣服和燃料）是从他个人的实践经验出发的，并且给个人的性格提供力量、勇气和自立，国家也会因其践行素朴的程度而得到相应的益处。

---

[1] 《对市民政府的抵抗》，《美学文集》，波士顿，1849年。

必须要强调的是，这种学说无论对于大众的心理来说是多么奇怪和不合时宜，却不是一种禁欲主义理论。梭罗所宣扬的素朴与禁欲主义不同，它并不是通过宗教苦行来拒斥生活的奢侈，因为它深信，生活总体来说，远离了这些就会更加健康和幸福。他所鼓励的做法不是要人们在拒绝舒适的时候还依然认为这些就是舒适，而是在每个情境中都要通过实践来检验真相，不能总是将很多东西当成是必需品，结果一天的尝试就证明它们是多余的，甚至实际上是有害的。这种自然品味与习得惯性的区分是至关重要的，但却总是被梭罗哲学的敌手们忽略掉。他嘲笑那些大谈"人造的需求"的有用性的作家是何等之荒谬，这些需求消耗了自然资源，并且每种人造的需求都必然要带来自己的复仇女神，也就是增加了同等程度的劳碌；相反，践行坚卓和节俭却能够带来身心两方面的健康、独立和安泰。

简言之，他所宣扬的素朴不是建立在压抑之上的，而是要获得更好的满足，对于真正的生命之快乐的满足。哪种享受更值得人们沉迷其中——精神的本能还是感官的享乐？就让每个人自己做选择吧；但至少要让每个人搞明白，他的确是遵循自己的趣味，而不是仅仅在服从传统和习俗的支配。

对于梭罗的常见的指控是，他反对文明的进程，更青睐野蛮而不是文明，这种看法建立在对于梭罗思想非常肤浅和短视的理解之上。他在自己的日记中注明说，他的演讲经常会引来这样的追问——"你想要我们回到野蛮状态吗？"——这种信息误读毫无疑问会变得更加普遍，因为他的言辞简洁，带有警世讽刺的口吻，并且常常拒绝自我解释。但是对他的作品（尤其《瓦尔登湖》）进行整体研读之后，我们肯定可以发现他在这一点上的真正立场。

他清晰地表述过自己的信念，认为文明是人类条件下的真正进步，而农民取代印第安人"是因为他们救赎了草地，让自己变得更强壮，并在某些方面更为自然"。但他在承认这些的同时指出，图方便的统计学家经常总是忽略的事实是，大部分的文明人比野蛮人感到更加适应了，但还有少部分人并非如此。因此他断言，我们应该解决的问题是如何"将野蛮人的坚卓与文明人的智识结合起来"。当他痛骂文明中显见的愚蠢、缺陷和痼疾的时候，他这么做并不是怀疑或否定文明之于野蛮状态的优越性，而是因为（引用他自己的话）他想要"证明给大家看，当前的这种优越是在何种代价下取得的，并且提醒我们，人们有可能过这样一种生活：保有这些优势，同时又不必忍受这些弊端"。

与此相关，我们应该注意，无论他多么强烈地抗议那种对于自然风景的不必要的亵渎,梭罗并没有表现出对于科学和现代机械发明所取得的巨大进步的任何反感情绪。他赞扬商业的雄心、勇气和敏捷,认为商业无惧季节和气候的阻碍,在自己的道路上开拓前进,并且说他在瓦尔登湖隐居时听到晨曦中的火车在奔往波士顿的道路上呼啸前进,心中就感到欢喜。他全部的渴望不过是为所有这些劳碌和奋斗找到一个更值得的事物作为目标。

他也不是像有些人所暗示的那样是艺术的敌人,尽管如爱默生所说,他或许"对文化的某些精致品质缺乏感受性"。他并不想在住所中扔掉装饰品,除非是那些外在的、多余的、习俗性的、随大流的附属物件,作为必须的装饰,一株自然而又简单的植物就够了。

这里值得探究的是,对于时代的社会问题,梭罗这些关于个人主义和素朴生活的原则想要执行到什么程度,这些原则具有多大程度的可执行性。在他的作品中找不到任何迹象,表明他希望自己的学说被人们原封不动地拿来当作医治人类疾病的万能药;他并不希望自己的同胞离开村镇到简陋的小屋中生活,也不像很多的批判家让我们以为的那样,他建议城市中拥挤的居民可以自由外出,找一片靠近森林的幽隐之处过幸福的生活。无论梭罗的天才有着怎样的局限性,他依旧是一个头脑清醒的睿智的人；如果有读者发现他们将诸如此类的愚蠢言行归之于梭罗，可以放心地断言这种误解乃是因为他们自身，并且由于缺乏同理心，他们也就无法把握梭罗的真正思想。需要记住的是，他主要为康科德的同胞写作，针对当下情形为新英格兰的有限读者写作；并且那时候新英格兰的社会问题与今天相比，远没有这么复杂和困难。极度的贫困在康科德的农民中是很少见的，贫困还不是一种普遍现象；与英国的城市相比，那里有更多的个人奋斗的机会和发展空间，因此，梭罗这样的人物所树立的榜样，在其他地方和其他环境中不可能出现，但在这里却是可能的。事实上，他很少将自己的生活方式推荐给自己的邻居或城镇同胞，坚信每个人都必须塑造自己的生涯；虽然在偶尔出现的情形中，比如《瓦尔登湖》中曾记载，当他与一个不知节俭的爱尔兰劳工交谈时，梭罗指出了饮食节约的好处，因为能够摆脱茶叶、咖啡、黄油、牛奶和肉食，就能够免去为购买这些不必要的"舒适"而进行的沉重劳动。就梭罗对普通大众发表的理论而言，他明显并未怀抱说服大家像他一样生活的意图，而只是希望通过自己的榜样和告诫激发起人们的独立思想，并使人们关注那些简单的常识性原则，若没有这些原则，个人或社群就不可能拥有持久的健康或满足。

同情心

史蒂文森先生曾评价梭罗说，他的全部作品中都找不到同情的迹象。如果这一断言是正确的话，那也只能是在非常有限的意义上如此，也就是说，梭罗对作恶者的恶行缺乏同情心，而不是对受苦者的情感无动于衷；比如，他并没有对奴隶表达同情（虽然我们从之前的引述中得知他的同情心是非常强烈的），但他对待蓄奴者的态度却以一种更加实际的形式将自己的同情心展露无遗。的确，由于对所有体系的鲜明的厌恶之情，他不接受任何明确的同情理论，但是，对于仁慈的自然的乐观主义信念又阻止他纯粹为痛苦和不义的现象而牢骚满腹。

无论如何，梭罗是一个最具人道主义色彩的作家，也为人道主义文学贡献了最震撼人心的作品。当美国对墨西哥发起不正义的进攻时，梭罗通过拒绝缴税来表达自己对于战争的反感。他声称战争是"一件该死的事"，战争与卷入战争中的人们的意志和良心相互抵牾，这些人包括"士兵，上校，队长，下士，弹药搬运员等"。梭罗关于蓄奴问题的观点已经无需多说；但他对于约翰·布朗的一句著名的评价值得我们在此引用。得知布朗没有接受过大学教育，而是在"伟大的西部大学"研究过"自由"，他说道，"这就是他的博爱，无关乎任何语法研究。他会在希腊语发音方面走偏，却能把跌倒的人扶正"。如果我们的人文学科的教授和学生能够把这种可敬的情感放在内心中，那该多好啊。

梭罗性格中最明显的一种美德是对动物的仁慈，他经常在其作品中加以倡导，即便不是以直接的方式进行。他将动物描述为"一种神秘的进化"。他把狐狸视为"原始的穴居人，依然站在它们的防御工事上，等待着变形"；而狗之于狐狸犹如白人之于印第安人。马在他看来是生存状态卑微的人，而傍晚时分牛从辕轭下解放出来后的行为让他感触颇深。缅因州森林野生的毛发蓬松的麋鹿是"麋鹿人，穿着一身绿灰色衣服或者是家纺的土布"，他甚至于对臭鼠鼬也表达了尊重，暗示说它就像是村中的土著居民。他对于非人类物种的个性的承认和尊重丝毫不亚于人类；他抱怨人类"没有教育马，没有努力去发展它的天性，却只是让它干活"。就像我已经说过的那样，正是这种兄弟般的意识使得梭罗对于鸟类和兽类有着不同寻常的观察力；而他对于动物的非凡的仁慈也是出于同样的原因。他人生中的一大部分时光都是素食主义的践行者，在《瓦尔登湖》中他通过人道的饮食来表达自己的信仰。

梭罗的生物学家的立场也受到了同样的仁慈情感的强

烈影响。他的方法不属于解剖学家和科学家的方法；他认为"若是要观察自然就必须以人道的眼光来观察，也就是说，自然的背景中必须要加上人道的情感"；对于梭罗而言，大自然是一个生命体，是爱和尊重的对象，而不是不含情感的冷静观察的对象。于是他关于自然和自然史的话语中就呈现出一种明确的、普遍的、独特的、带有内省性和教化色彩的情绪，这是诗人生物学家与科学家迥然不同的地方，即试图将单纯的事实和外部观察的结果转化为能够照亮人生的思想和形象。正是这样的人道主义的自我意识将梭罗同吉尔伯特·怀特那样的生物学家和简单纯粹的观察者区分开来。约翰·巴勒斯先生说梭罗研究的不是自然史，而是超自然史，并且他在科学领域没有做出任何重要发现，因为透过自然观察，而不是对自然进行观察，"关注的只是自己思想的自然历史，而不是鸟类的自然史"。

看穿生命的外壳

毫无疑问，梭罗观察的敏锐度总体上与他对于面前需要着手的事物的兴趣成正比；他看到的是自己心灵中已经存在的东西。然而，他的观察的重要性也毫不逊色，因为与那些使用寻常方法得来的结果不同；他的观察之所以更有价值，乃是因为诗人比生物学家更高明、更稀少。为什么梭罗能够通过内在的天赋来观察水莲花,而别人却无法做到,纳撒尼尔·霍桑曾经有这样的记录:

> 他看到一簇簇的水莲连接成一片延展开来,升起的阳光从一朵水莲花向着另一朵慢慢地移动——这种景象是无法看到的,除非诗人能够给内在的眼睛调整好焦距,并与肉眼配合起来才行。

这种理想主义的成分构成了梭罗有关自然问题的理论的独特品质;但这并没有使他成为一个提供劣质服务的不合格的科学观察者,下述事实可以证明这一点,一位达尔文的阐释者曾经给予梭罗高度的赞扬:

> 跟所有人一样,他了解鸟兽虫鱼的动作和声音的意义。人类对于自然的观察发生了巨大的转变,对于外部生命的全部兴趣从博物馆中看到的那种纯粹的死物,转向了对于动物的原始习性和生活方式的观察,梭罗生不逢时,这种转变在当时尚未发生,因此,他可以说是现代功能生物学家一派的预言式的先驱,尽管带有某些模

糊和神秘的色彩……他的笔记中一页又一页地记述着这些事实：松树降下的花粉雨，臭菘草的肥力，鸟类的筑巢，貂或麝鼠的偏好，蝴蝶的求爱，正是在诸如此类的精细观察的基础之上，今天的生物学家才建立起了他们的妙趣横生的理论。[1]

对于梭罗学说的看法把我们带回到了最初的论题。他是一个看穿生命的外壳和表象的理想主义者，看到了对于大多数人而言只是梦想和幻想的真正现实。他在很大程度上拥有爱默生所说的"哲学家对于身份的知觉"；时间和空间现象对他没有影响——瓦尔登湖对于梭罗而言就像是大西洋一样，一瞬即是永恒。他赖以纠正大众之虚妄的方法就是个人心灵的独立，以及那些能够使人独立的简单而实际的生活方式。最后，尽管他以严苛的语气斥责那些他认为理当受到谴责的一切，他却笃信人类的逐渐进步和最终的新生，相信进步是"生产繁衍的唯一理由"。梭罗作品中表达的不是愤世嫉俗或者厌世的信仰。

---

[1] 格兰特·亚伦：《半月评论》，1888 年 5 月。

第十章 我手写我心

写作唯一的伟大原则

梭罗忽视体系,这一明显特征直白地体现在其哲学思想中,也体现在他的写作风格中。他对于外在形式和作品的完整性不甚关心,因为他相信纯粹的文学形式与内在的活动的精神相比,只居次要的地位;精神的价值一旦被确定,形式问题自然就水到渠成。

另外,虽然我们看到,在梭罗人生的后期,他越来越把写作当作自己的职业,却始终铭记着比文学家更充盈、更高尚的使命——他将自然置于艺术之上,将生命置于文学之上。他宣扬并践行着文学创作与体力劳动相结合的理念;既要用笔,也要用铲;既要待在书房,也要走进旷野。他抗议我们的文明社会的劳动分工倾向,分工导致学生被剥夺了户外健康劳动的权利,而体力劳动者则被剥夺了自我教育的机会。他设想那些文学教授坐在自己的书房中写作关于越橘的论文,同时却雇用别人帮自己摘越橘,让厨师为自己做莓果布丁。这样写出的书是毫无价值的。"其中没有一点越橘的精神。我信赖一种别样的劳动分工,即教授应该在越橘田和书房中分别劳作。"他在《河上一周》中清晰地表达过自己对于文学风格这一主题的见解,在很大程度上,这无疑是他自己的实践经验的记录:

> 有什么比毫无用处的学问更让人诟病呢?至少要先学会劈柴。对于学者而言,劳动以及与各色人等交流的必要性总是被人忽略;经常性的、全身心投入的劳动毫无疑问是消除语言和写作中的伤感和浮华之风的最好方法。如果一个人能够从早到晚努力劳作,尽管他或许会懊丧自己没时间去关注内心想法的细节,但傍晚时分匆匆几笔记录下一天的经验,与天马行空的无聊幻想相比,会显得更真实、更动听。作者要面对的是劳动者的世界,因此这就必须成为他遵守的原则。在短促的冬日里,日落之前要完成砍柴和捆柴工作的人不会无聊地跳起舞来,他每一次用心地挥舞斧头,森林中都回荡着肃然的回响。学者的钢笔也是如此,在夜晚时分记录一天的故事,斧声的回响消失很久之后,却在读者的耳畔肃然、欢然地飘荡。

事实上，梭罗就是在这样的状态下写下了很多的日记，并以此为基础进一步创作文章；无论他的总原则所起的作用到底如何，可以肯定的是，在梭罗这里结果还是可喜的。他的作品中充满了旷野的风景，这是他灵感的主要来源，也是他的喜悦和决心之所在。"我相信"，他评价《河上一周》说，"这本书没有图书馆和书房的气味，甚至没有诗人的小阁楼的气味，而是散发着土地和森林的芬芳；这是一本掀掉屋顶的露天的书，栖身于大气中，沉浸在大气中，对所有的天气开放，不适合摆放在书架上"。实际上，他的所有著作都是如此。

就这样，梭罗通过自己摆脱了学究气的自然而又鲜活的语言，给文学增添了一种新的风味，在无心成功之处取得了最好的成功。"只有通过这种充分的思考"，R. L. 斯蒂文森先生说："表达才能够像成熟的果实一样自然坠落；梭罗能够在书桌前肆意挥洒，乃是因为他在散步时做过富有活力的主动思考。"即便是洛威尔这样不甚友善的批评家在这一点上也不得不吐露其敬仰之情。

无一例外，世上没有任何作品能够与梭罗的作品相媲美，就程度而言或许可以相提并论，但就种类而言，没有任何作品可以同其相比拟，这是其最优秀的地方。他的领域很狭窄，要掌握好它，就需要成为大师。他的一些词句是语言所能够达到的完美的极致，他的思想就像晶莹的水晶；他的意象和隐喻总是鲜活的，就像是刚刚破土而出。

他的成功虽然是以一种自然的、无意识的方式取得的，但这之所以可能，首先是因为他经历了踏实的学习过程；梭罗跟其他任何一位文学表达的大师一样，也曾经历过严格的智力劳动的训练。虽然对于当代的语言有些漠然，他对希腊罗马的经典作家却了如指掌，而他的风格的形成，部分地受益于英国文学的伟大时代，即后伊丽莎白时代。明显的事实是梭罗喜欢使用"母语"这个词，甚至在上大学时就是这样；他作品中的那种朴实的乡土气息主要是因为他对劳作抱有共情之心，他在肥沃而又寂静的土地上辛勤劳作过。我们不能这样认为，即梭罗没有刻意按照通常的准则去写作，因此他就是一个粗心大意的作家——相反，他习惯于带着不知疲倦的审慎去修改自己的手稿。他仔细地反复检查自己日记中的每一个句子，然后才同意将文章发给打字员，他认为在达成令人满意的决定之前，有必要留出一段沉淀的时间。无论是在写作中还是在生活态度中,他都流露出了绝对的真诚。

> 写作唯一的伟大原则:如果我是一位修辞学教授,我要强调的是——要说实话。第一重要的是说实话,第二重要的是说实话,第三重要的依然是说实话。

对寻常主题的理想化

在主题的选择方面,令梭罗感兴趣并深受吸引的都是些寻常的事物。"主题",他说道,"无关紧要;而生命至关重要。请给我简单的、廉价的、卑微的主题。我忽略那些非常之事——比如飓风、地震,而是描写寻常之物。寻常事物有着最大的魅力,也是诗歌的真正主题。请给我默默无闻的生活,一间不起眼的简陋的小屋,一块贫瘠的土地,还有每日例行的劳作"。虽然他把这些当作自己写作的主题,他却通过想象力对它们进行转化和理想化,使之以出人意料的全新方式展现出来;他的兴趣在于发掘所有存在物潜在的和谐与美,并以此来间接地展现大自然的统一与完满。

梭罗作品中具有这种诗情画意的片段可谓俯首即是。他有一双诗人的眼睛,善于发现所有形式的美,无论是有形之物还是道德之美，并且能够在两类事物之间进行巧妙的类比——一言以蔽之，他拥有最生动、最敏锐的想象力。他使用的意象和隐喻大胆、新颖并且动人心弦：比如，当他谈到散落在好望角海岸上的失事帆船的船锚时，说它们是"水手沉没的希望和信念，对船锚的信赖是一场徒劳"，而描写瓦尔登湖隐蔽一面的秋日阳光时，说它是"依然燃烧的余火，是夏日外出打猎时留在了那里"。虽然语言简单、直白，但梭罗不自觉的流畅表述几乎带有神秘的色彩，在人们心中清晰地留下了灵感作家的印象，并被看做是罕见的、真正的天才之笔；以至于这句描述梭罗的话"他活着的目的就是要把外在的自然融入人类的语言"，可谓恰到好处。就此而言，作为散文作家，他的地位是独一无二的；除了理查德·杰弗里斯，同类作家中没有人能够与之相颉颃。

在研究作品的外在形式的同时，用一个词可以概括梭罗为自己设定的目标和任务——凝练。他宣称自己喜欢"凝练且坚实"的句子。这种鲜明的特征恰如其分地描述了梭罗的文学风格。简洁的、讽喻的、带刺的句子在梭罗的作品中随处可见，辛辣中包含着机智的幽默和智慧，这正是他敏锐、简洁个性的表现；完全没有一个多余的词语或音节，每一段都直奔主题，径直言说，就像是一个人有更要紧的任务要执行一样，来不及用花哨的修辞来润色自己的文字。他喜欢用奇怪的、辛辣的句子来挑战读者，让他们感到惊诧，而他的悖论式的表述部分原因在于他渴望唤醒和刺激人们的好奇心，部分原因在于他固执己见和悖论表述的本性。这种悖论表述的风格的危险和弊端是显而易见的；没有哪个作家像梭罗这样粗心，以至于不关心被人误解的可能。结果他就总是被人误解，将来也同样如此，除非读者自行带着共情心和迁就的亲近感。

使得很多外表不同的事物连接起来的是内在的相同感，拥有这种天赋的人一定会认为梭罗的有些思想和说法适足被人嘲讽。然而，让人难以解释的是他并没有受到缺乏"幽默"的指责，因为对"幽默"品质的定义是如此多样，如此模糊。梭罗当然不具备常见的机智和轻松亲切感，他也坦言自己厌恶在写作中有意识地故意逗乐。比如，他发现拉伯雷让人难以忍受；"对他或许是娱乐"，梭罗说，"但对我们却是死亡；的确，纯粹逗乐者是十分不幸的人，而他的读者则更为不幸。"但是，虽然他不能或者不愿将幽默看作一种独立的、鲜明的品质，甚至于尝试——如前所述——去消除他所认为的一些散文中的"轻浮"内容，但是他却十分享受，并且他自己明白无误地展现出了潜在的、安静的、不突兀的幽默,这是人类生命的健全的拯救原则。在梭罗自己的作品中,《瓦尔登湖》尤其渗透着这种微妙的幽默感,深沉、简练、精辟、格言式的,话语中几乎带着阴沉的格调,也许正是由于这个原因,对于那些有能力欣赏它的人来说,反而显得更为生动畅快且富有深意。

有人评价说梭罗是无法归类的——"不能称他为科学家,不能称他为诗人,甚至不能称他为散文诗作者。"[1]对于这样一个清教徒和自由职业者,合适的归类或许是"带有强烈学究倾向的散文家"。如他的朋友钱宁所说,梭罗不会"镶嵌"自己的文章,而是宁愿自由发挥,任由行文以叙述和自传的形式呈现。《河上一周》和《瓦尔登湖》在梭罗生前发表,两本书均以此原则为指导,差不多就是个人经验的记录,但这种记录成了一个固定挂钩,在上面悬放着大量的伦理说教和推论。

虽然所提观点的价值面临着质疑,但这些著作的魅力主要在于智识的敏锐性、精神的洞察力和诗情画意的高超描述手法。很少有作家创造出过如此丰富的简洁贴切的格言警句,或是对自然风景进行过如此惟妙惟肖且感同身受的描

---

[1] 《雅典娜图书馆》,1882年10月。

写。他有很多简明扼要、直抒胸臆的篇章时而被人们引用。梭罗曾在康科德河畔度过了漫长的时光,这里有一段标志性的文字,描述一个阳光明媚、微风轻拂的旷野天气——

  风从河面吹过,掀起层层鳞波,水雾喷洒在脸上,芦苇和灯芯草在风中摇荡;成群的鸭子在一阵风急浪高中惊慌地拍打着翅膀,如同一群装配工在喧嚷声中起程赶往拉布拉多,它们有的收缩双翅逆风飞翔,有的在飞走前先将你打量一番,轻快地移动着双蹼,踏着浪花转圈;鸥鹭在头顶盘旋;麝鼠拼命地游泳,浑身又湿又冷,也没有火以供取暖,但它们不辞辛劳筑起的巢穴随处可见,仿佛一座座隆起的干草堆;数不胜数的老鼠、鼹鼠和挥着翅膀的山雀占据着风和日暖的河岸;蔓越莓在波浪里翻滚飘荡,这些红色的船形果实刚被冲上岸,便迫不及待地钻进了桤木丛中——大自然这种健康的喧闹足以证明尘世末日遥遥无期。四面八方满是欣欣向荣的桤木、桦树、橡树以及枫树,它们在河水回落前争分夺秒地生枝发芽。

为了展示梭罗之天分的更富有人性的一面,这里还有一段惟妙惟肖的标准描写，这种风格的文字在梭罗作品中十分常见：

> 让我记忆犹新的是一位身穿棕色大衣的老人，他就是这条河上的沃尔顿。他同儿子从英格兰纽卡斯尔远道而来，他的儿子强健结实又精力充沛，想当年曾经举起过一个船锚。这位率真的老人走过草地时总是沉默不语，因为他已过了与同伴们交往的年龄。他那长长的饱经风霜的棕色大衣，如黄松树皮般笔直地垂下，倘若你站得离他足够近，便能看见它在炽热的阳光下闪烁着微光，它并不是一件艺术品，最终却与大自然融为了一体。我时常意外地发现他出没在草地和灰色的柳树林之中，他在用一种乡间老式方法捕鱼——似乎青春岁月又重新回到他身上——他的脑海里尽是难以言表的思绪，或许是在怀念他曾生活过的泰恩河和诺森伯兰郡。在静谧的午后，常常可以看见他在河边漫步，脚踏在莎草丛中沙沙作响。在这位老人的一生中，有多少风和日丽的时光都花在了诱捕那些傻鱼上啦；他几乎成为了太阳的密友；已进入暮年的他，对衣帽穿戴还有何需求？他早已看破了这些肤浅的伪装。我曾看见与他相伴的命运之神如何用金色的鲈鱼奖赏他，不过

我认为他的运气与他这把年纪并不相称。我也曾看见他步履蹒跚,心事重重,提着鱼消失在村边他那低矮的房子里。我想,其他人都没再见过他,至今也没人仍记得他,因为他搬迁到了新泰恩河上,不久之后便去世了。他并未将捕鱼视为消遣娱乐,也不只当作一项维持生计的办法,而是将之视为一种庄严的圣礼,一次远离尘世的归隐,恰如老人品读《圣经》那样。

散文·日记·书信

梭罗关于自然史和户外生活的短篇散文搜集在《远足》中,此书在梭罗去世一年后出版,还有一篇爱默生写的回忆性质的序言。这些"远足"被描述成了"微型的风景,展现了新英格兰的冬季和夏季的所有特征"[1]。这些风景拥有一种属于它们自己的魅力,蛮荒、生动、难以言表;若是从艺术——或者说是伪饰的——角度看,它们无论如何也算不上"完美"或圆满;因为梭罗喜欢信马由缰地写作,无视散文创作的规则,也不会拒绝大段引用的快乐。当心血来潮的时候,他会大段引述自己喜欢的诗人,或是从旧的散文编年录中摘抄一些段落,因为其中的文章写到了他曾经到访过的地

---

[1] 尼古尔教授的《美国文学》。

方,他不会放过与自己的经历相关的最微小的细节。然而,最终的结果是令人愉悦的;这些文学野生物拥有神秘的气息,凡是欣赏并被这种气息吸引的读者,都不会因为这些野生作品没有经过惯常的修剪而感到遗憾。它们不可能像"野苹果"原型那样被带到文学市场上,并被放置到批评的天平中称量,而正是这样的"野苹果"给梭罗提供了一些最好的主题。

关于"反奴隶制和改革的论文"起初收录在《美国佬在加拿大》一书中,后来收入《作品汇编》,与《远足》的目的相比显得更为直接且富有教化色彩。梭罗一些最出色、最辛辣的格言就出现在这些作品中,其中的佼佼者要数《为约翰·布朗队长辩护》,这是一篇富有激情的作品;还有《没有原则的生活》,这篇文章则以简洁的形式表达了他的实质性的抗议,反对现代社会形形色色的愚蠢。

为所有这些文章和著作提供原始素材的资料来自于梭罗的日记,从1837年他离开大学开始,直到1862年去世前不久,日记连续而且完整,超过了30卷。这些日记成了梭罗外在生活和内在生活的编年录,但并不是日常琐事的流水账,而是私人的自传,写作中饱含严肃和真诚的态度,它的用途不仅在于记录了思想和事件,而且也是激发进一步深入思考的工具。

我们已经看到，在梭罗的生命中，散步并不像在很多人那里一样，仅仅是休闲和消遣，而是他每日工作的重要部分，是作为诗人生物学家的职责。他来到山顶、森林、池塘或河岸边，不是作为漫无目的的散步者去消遣一下午，而是作为一个四处巡视的视察者；他有目的、有原则地去观察那些他碰巧遇上的动物、飞鸟、巢穴、树木或花朵。他现场记录笔记，这是他的常态，甚至晚上散步时也是如此；回到家里他就把那些笔记扩展成惟妙惟肖的描写，并且行文中点缀着恰到好处的沉思，这些思考的内容在早期的笔记中，曾经采用诗歌的形式出现。他关于自然史的文字构成了笔记中的一大部分，语调中浸染着神秘主义的色彩，并在很大程度上主导着他的性格。

在准备文章或演讲时，如果可能，梭罗就会从笔记中自由取材；但是，在向外界发表之前，他会对每一章节、每一句话都进行认真的修改。在梭罗去世之后，未刊发的手稿和笔记在他的妹妹索菲娅那里保管了14年，她于1876年去世，并将梭罗的遗稿赠予梭罗的通信友人布莱克先生。[1] 笔记的一

---

[1] 在梭罗去世后不久就开始了出版其全部笔记的讨论，但索菲娅·梭罗没有下定决心，这个计划就暂时搁置了。1866年，她写信给一个朋友说："这些文稿对我而言是神圣的，在当前，我的内心倾向于拒绝将它们公之于世。"

部分已经被布莱克先生编辑为4卷，题为《马萨诸塞州的早春》《夏季》《秋季》和《冬季》，那些在不同年份写下的文章被按照写作日期分组，以便为每个季节组成一幅连续的画面。这种编排梭罗之前明确提到过，他在一个笔记中做过一个注释，"一本四季之书，每一页的记录都应该依据户外的季节或是地点，无论具体是在哪里。"这4卷书中涵盖的年代大多是在1850年至1860年之间，而瓦尔登湖时期的记录基本上已经被梭罗使用净尽了。1884年《学园》中的一个作者注意到，已出版的笔记中缺少4月10日到6月1日之间的记录。然而，这些缺少的部分已经在一定程度上得到了补充，于1878年的《大西洋月刊》中以摘录的形式刊出，题为《四月时光》和《五月时光》。

1865年，爱默生编辑了一本梭罗的《书信集》。爱默生并不是梭罗"经常的"通信者，他持有的存世书信数量并不多。"一年来连一个便条都没写过"，爱默生说道，"这对我来说算不上什么严重的过失。有人习惯于写很多的书信，有些人则很少写；我属于后者"。与梭罗的散文和日记相比，1865年收集的那些信件清一色带有严厉的超验主义的口吻——钱宁称之为"令人生厌的教化腔"——这种严肃性并没有因《瓦尔登湖》敏锐的幽默而得到纾解。爱默生在选取这些书信的时候，似乎有意要表现一种"完美的斯多葛主义"，因此，只在其中插入了寥寥几篇家庭信函，这些信函展示了梭罗性格更柔和的另一面——难怪索菲娅·梭罗认为这种编排对于他弟弟而言是十分不公正的。这种片面的印象得到纠正，要归功于1894年由桑伯恩先生编辑的《家庭书信集》，这本书对于梭罗性格的轮廓给出了更宽广、更公正的描绘。

诗作

梭罗作品单上最后要谈的是他的诗作。严格说来，他几乎算不上一个诗人，因为，虽然他有极大的诗人灵感的天分，但他缺少韵文创作的热情和富有乐感的表述，这些对于真正的诗歌创作来说也是不可或缺的；他的诗歌的固有价值就没有那么吸引人，反而是间接地映照在其个性和天才之上的光芒更为引人注目。爱默生对于自己的诗歌天分的描述可以原封不动地挪到梭罗身上。

> 我是天生的诗人——毫无疑问是低级别的那种，但依然是诗人。我的歌唱肯定是十分沙哑的嗓音，并且大都没有韵律。但我依然是一个诗人，因为我感知着并热爱着心灵和物质中的和谐，尤其是这两者之间的关联和对应。

梭罗的诗大部分都是在1837年至1847年之间完成的,那是他20岁到30岁之间的年龄。他的方法是时不时在笔记中草草写下一阕,事后再把这些支离的句子连缀成诗,因此,每句诗文都很简洁、直接,与格言类似。梭罗早期阅读的17世纪文学对他产生了很强的影响,他的作品风格与赫伯特、考利和其他那个时代的作家十分相似,很明显喜欢使用同样的格言体写作,诗文中充满了古香古色、别出心裁的比喻,简明扼要的格言,精心设计的对偶,时不时会有一阕或多阙见地深刻、表达恰切。他对于诗人之天职的看法也很有特色。诗人"不是神话家族中温顺的成员,而是天空和大地的最粗犷的儿子,他拥有更大的力量和坚忍,让柔弱的同伴在诗人身上看到了神祇。他会把钉子钉在脑袋上,而我们却不知道他的锤子的力量"。因此,他的诗作更具道德性而非艺术性;但由于思想的精微和高贵,这些未经打磨的文字就超出了平庸的境地,变得令人愉悦、过目难忘。试举例言之,1842年的《马萨诸塞州自然史》中的一段无韵诗文,诚可谓是一篇佳作——

在循环往复的艰辛生活中,

也会时常绽出蔚蓝的天空,

紫罗兰一尘不染,

银莲花被春风吹散,

飘落在蜿蜒流淌的小河旁边,

这一切使得那旨在抚慰人们的悲伤的最好的哲学

也顿时变得黯然失色。

我记得冬日来临之时,

在我的木屋的高处,在凄冷的寒夜里,

无忧的月光静静地照亮了,

每一根树枝、围栏和突出的房檐,

垂在檐下的长矛一般的冰溜子,

在旭日阳光的照射下,

将身影拉得更长,

那往昔的夏日阳光,

竟然悄无声息地斜照进了,

长满金丝桃的高原牧场;

在我内心的青翠丛林中,我听到,

蜜蜂在蓝莺尾花上嗡嗡作响,

在草丛中流连彷徨;还有淙淙的小溪,

而今一路流淌,默默无语,

当溪水顺着陡坡向下冲击,

> 穿越了紧邻的草地，就像是在纪念自己，
> 因为溪流青春活泼的声音很快就消失，
> 融入了低地大河的波澜不惊的洪流里；
> 我看见田垄近来被人翻耕，
> 还有尾随而至的田鸫，
> 所有的田地都被大雪覆盖，
> 漫天遍野一片雪白。
> 通过上帝的节俭而变得丰裕，
> 为了工作而再次迎接我们的冬季。

梭罗的很多早期诗作都发表在《日晷》上，遭到了评论界和反超验主义者的一致嘲讽；据说人们禁不住大笑，"就像诸神嘲笑火神乌尔坎的跛足，人们攻击他那支离的、生涩的诗文"。后来，这些诗文中有一部分被他放入了《河上一周》和其他散文集中，在《日晷》停刊之后，他不愿意单独发表它们，而是将之"作为合唱、低吟或语言图画，来佐证自己思想的发展变化"。他在最后一次生病的时候告诉朋友说，自己毁掉了很多诗作，因为爱默生并不欣赏它们，但他事后就为自己的行为感到后悔。《河上一周》中能看到很多梭罗的诗作，其中有几首被爱默生收录到了《梭罗书信集》

的附录中；但第一部堪称代表作的诗集于 1895 年出版，题为《自然诗集》。

读者的最终结论可能会认为，梭罗最好的自然诗展现在他的散文中。"同等水平的伟大散文"，梭罗认为，"要比伟大的诗作更值得我们敬重，因为散文拥有更持久和长远的高度，拥有光辉的思想所充盈的生命。诗人就像帕提亚人[1]，发起一场攻势就开始撤退，边撤退边放箭；而散文作者则像罗马人，征服之后，就占据这片领地"。

---

[1] 帕提亚帝国又名安息帝国，创立于公元前 3 世纪，位于今伊朗地区，公元 226 年被萨珊波斯代替。——译者注

第十一章 被误解的天才

梭罗个性的独特

正如我们所见，矫饰是当代复杂文明中最大的危险之一，而对生活和文学中的虚饰发起最强烈抗议的人，并不是来自无力跟上时代步伐的睡意沉沉的旧世界，而是来自地球上最先进、最繁忙的国家——教导我们并亲自垂范的"大自然的单身汉"来自新英格兰。

梭罗的个性是如此独特，以至于无法将他和同时代任何勇于批判时代主流倾向的社会性或非社会性的改革者在性格上进行细致的比较，即使有人企图这么做也是枉然。有兴趣在文学领域中寻找梭罗这样原型的人，兴许觉得亚伯拉罕·考利[1]算是一个。他是梭罗所熟悉的格言诗派的诗人，也是一个非常热爱自然的平和与孤独的人。他晚年过着近似隐退的生活，而他的死，就像梭罗一样，是由于植树时感冒所引发的疾病造成的，所以考利的传记作者把他的死归因于

---

[1] 亚伯拉罕·考利（1618-1667），英国玄学派诗人的殿军，1660年退隐，从事园艺，撰写小品文传世。——译者注

"对乡村和田野的热爱,也是他终其一生最为享受的快乐"。考利一些文章中关于孤独的说法,与梭罗的别无二致。他说,"首相在公众场合下与智者在私密空间里一样,前者绝少独处,正如后者很难群聚;前者要操心一个国家大大小小的事务,而后者要思虑上帝和自然的方方面面";在其他地方,他表达了这样的愿望:人们可以"解开自己罗织的一切,从而拥有属于我们的森林和纯真,而非禁锢我们的城堡和政策"。不过,对于生活时代和志趣两方面都有着巨大差距的他们,这样的相似也仅仅是一星半点的形似罢了。除了与爱默生以及其他超验主义者有着泛泛的联系之外,把梭罗与他同时代的任何一位伦理作家进行比较,都不是一件容易的事。

英国的"梭罗"

然而,作为一个"诗人自然主义者",梭罗显然与理查德·杰弗里斯和该流派的其他作家类似。杰弗里斯比梭罗更有个性也更感性;但他们拥有同样神秘的宗教气质,同样不屑于循规蹈矩、墨守成规,同样热爱森林湖泊、田野山峦,同样拥有记录他们观察的语言天赋。

将现代乡村生活的爱好者与传统自然主义者进行比较

是有点奇怪的，这些老派自然主义者中，艾萨克·沃尔顿和吉尔伯特·怀特[1]是最著名的代表人物。当诚实的老渔夫心满意足地垂钓闲扯的时候，絮絮叨叨就像他整日面对的潺潺溪流，偶尔陷入片刻关于上帝之仁慈的沉思，思索手段与目的的权变关系；当塞尔伯恩地区的善良的自然主义者吉尔伯特·怀特意志坚定、毫无保留地致力于写作他所关注地区的动植物编年史的时候，后继作家也面对同样的主题，但他们带着对大自然的共鸣、对美的更深刻的洞见，并有能力用惟妙惟肖的笔触进行描写，他们单纯的前辈们虽然不乏热情，却做梦也没有想到过会有这样的处理手法。

多亏美国的梭罗和英国的杰弗里斯，我们才得以认识和研究所谓的自然史诗歌——一种在过去三四十年间所特有的思想和写作风格。当然，从远古以来，自然就是诗歌的一大主题，只不过这个自然一直都比较笼统；直到最近几年才发现，对自然现象准确而耐心的观察也能以诗歌形式来表达。我们现在认识到，自然史，一种严肃而又神秘的乏味的研究，竟也可以激发最富想象和诗意的思考。

---

[1] 艾萨克·沃尔顿（1593—1683），英国作家，他的《钓客清话》一书是第一部介绍自然界的美和乐趣的英文书籍；吉尔伯特·怀特（1720—1793），英国牧师，是第一个现代意义上的观鸟人、博物学家，被誉为现代观鸟之父。——译者注

当1862年梭罗去世时，理查德·杰弗里斯只是一个14岁的男孩，在他的家乡威尔特郡丘陵忙忙碌碌地生活，也为他日后丰富的户外生活知识打下了基础。据我所知，杰弗里斯的作品中没有提到过梭罗，也没有任何迹象表明他读过梭罗；然而，人们常常惊讶于他们的思维方式何其相似。举个例子，梭罗有个半认真半异想天开的见解，这可能比他其他任何观点都更容易被误解，即康科德的自然特征涵盖了旅行者在其他地方所能够观察到的所有现象。现在，将其与杰弗里斯表达的下述观点比较一下："我一直幻想这个村庄就是自然世界的缩影，如果有人真正接触过这里的生物，熟悉它们，理解它们所代表的意义，那他就会了解地球上一切的存在。"读着这些话，很难相信这不是梭罗写的。

随着时间的推移，梭罗的名字与他成长的那片土地的联系会越来越紧密。据实而言，伟大的自然爱好者有一种能力，那就是把他们自己的性格深深地烙印在乡村的土地之上，以至于有些地方就自然天成地、毫无争议地归属于他们，因为他们使得这些地方变得独特而又永恒。正如湖畔与在那里居住、写作的诗人们的名字不可分割；苏格兰边境与司各特紧密相连；艾尔郡的田野和彭斯密不可分；而塞尔伯恩的汉普郡小村庄，非吉尔伯特·怀特莫属——自然而然，

那些访问康科德的人不可避免地要想起梭罗。梭罗的一位崇拜者说:

> 梭罗的影响和才华与这个村庄已融为一体,即使他已经不在,可在我心中,他就是这地方的守护神或神人,就像在斯堪的纳维亚神话里,那些北方海岸和山脉的守护神一样。这些神保佑着牛群远离瘟疫,人们免遭病痛。他们让夜晚甜蜜和谐,白天收获颇丰。如果梭罗生活在古代希腊,他就会和他最喜欢的潘神一起在大众想象中占据一席之地。

错误批评

从一开始就能够预见到,事实上也的确如此,无论是优秀的评论家还是拙劣的评论家,固执己见且特立独行的梭罗都会成为让他们摔跟头的绊脚石。"这岂不是易如反掌的事情",一个对他异常了解的人说,"以轻佻而浮躁的文笔嘲笑他,在公开媒体上向他喷出一团墨迹,以此来掩盖他真实高尚的品质!"[1]

就在这些颇具预言性的言论发表三个月之后,詹姆

---

[1] 约翰·维斯(John Weiss):《基督教观察家报》(*Christian Examiner*),1865年7月。

"我到林中去,因为我想有目的地生活,仅仅面对生命的根本事实,看看我能不能学会生活要教给我的东西,以免当我生命终结时,却发现自己从未活过。"(梭罗)

斯·拉塞尔·洛威尔[1]对梭罗的著名批评出现在《北美评论》上，后来又被转载到《我的书房之窗》上，这篇文章是恶意影射和巧妙歪曲事实的杰作，以作者所能表现出的所有聪明才智写就。洛威尔先生曾是梭罗在哈佛大学的同窗，在大学生涯结束后仍与他保持着友好的关系。在1849年出版《河上一周》时，他肯定没有认为梭罗智力薄弱，因为在同一年，他在《马萨诸塞州季刊》上高度赞扬了梭罗，称他是在功利主义时代为数不多的仍能感受并表达出狂野大自然难以言传之魅力的人物之一，而且以一种非常私密友好的语气来谈论他。可是，十年后，这种老相识的关系因为分歧戛然而止。正如前文所述，梭罗为《大西洋月刊》撰写过一篇文章，当时是由洛威尔先生担任编辑的；根据爱默生的说法，洛威尔先生"从来没有原谅梭罗对他的自我意识的伤害"——这句话出现在论及此事的通信之中。

为什么要让大家关注此事的原委，我想我无需辩解，因为它解释了洛威尔文章中莫名其妙的敌意。虽然透过《我的书房之窗》看到的景色是那么绚烂，但是我们应该更清醒地

---

[1] 詹姆斯·拉塞尔·洛威尔（1819—1891），1838年毕业于哈佛大学，美国资质超群的文学批评家，1857年创办《大西洋月刊》。不过，对于当时三个著名作家——梭罗、赫尔曼·梅尔维尔、沃尔特·惠特曼，他却未能慧眼识才。——译者注

意识到，至少有一块玻璃已经变色变形了，那些期待无偏见之视角的文学人士是不必采信的。

"躲猫猫的人"是 R.L. 史蒂文森先生在他的《人与书》一文中总结梭罗性格的用语；但正如他自己在后来写的序文中所承认的那样：因为对梭罗的生活缺乏足够的了解，他在很大程度上误读了梭罗，所以《瓦尔登湖》的崇拜者们没有理由对这个特别不恰当的绰号而感到不安。还有其他的评论家，他们一边欣赏梭罗的大部分作品，一边被一种怀疑所纠缠困扰，那就是，梭罗是戏剧性的自我意识的牺牲品，他做隐士绝非为了逃避而是为了吸引注意。"我们质疑高柱修士圣西蒙（St. Simeon Stylites）[1] 的真诚"，一位当代《瓦尔登湖》的评论家说，"我们怀疑修士是在晚上没人看见的时候从柱子上下来的；第欧根尼把他的桶放在亚历山大一定会看到的地方，而梭罗先生则巧妙地承认他出去吃饭了"。这的确难以置信，尤其是对于那些没有考虑过，更没有实践过简单而节俭生活的人来说，让他们相信一个人为了自己的理想，有意放弃他们认为的奢侈和舒适是如此不可思议。而批评家们在发现瓦尔登实验中一些牵强附会和虚无缥缈的东西的时候，

---

[1] 约 422 年起，圣西蒙在高高的圆柱上生活了三十年，地点位于今天的叙利亚，以表示对上帝的热爱，和对这个世界的习俗和法律的弃绝。——译者注

却恰恰错过了它真正有价值有意义的教诲。

如今,似乎没有必要反驳曾经对梭罗提出过的荒谬的"自私"的指控,但这一指控仍时不时会突然在慢半拍的思想圈儿里冒出头。"读者的总体印象是",《教会评论季刊》[1]报道说,"虽然对风景的描写极为优美,关于动物生活和植物的注释也最有趣,但作者本身却非常自私,完全没有对人类及其苦难的同情。他的品味,即使不像动物的野蛮,也是粗野的,还有些不必要的渎神"。

梭罗"缺乏雄心抱负"是另一个让他备受误解的原因——甚至爱默生也认可这毫无意义的抱怨。他说:"我也觉得没有雄心抱负是他的一个缺点。不去做美国的工程师,反而想要当'哈克贝利党'的队长。就算有一天捣豆子和治国家一样简单、有益,他也还是会一年到头只捣豆子!"对于这样的批评,显而易见的答案是:对梭罗而言那不仅仅是豆子。《瓦尔登湖》中关于"豆田"的章节是他所有作品中最富想象力和神秘感的一章。"我锄的不再是豆子了,"他说,"我也不再锄豆子了"——因为他所追求和努力的目标不是真正的果实,更不是有形的豆子;而是一生与大自然交流而收获的光荣的理想的果实,而这种收获进而赋予他的作品以自

---

[1] 1895年10月。

然的清新与芬芳。就此而言，梭罗对自己能力的评判更为明智，他写《瓦尔登湖》给人类带来的利益远远超过了在美国做工程设计的工作。

关于爱默生对梭罗的恩情这一点，本书已有所述，如果可以，我想在抛却偏见或忘恩指责的前提下，再补充一点，那就是对梭罗性格的普遍误解，一定程度上要追溯到爱默生的《生平素描》，以及他在编辑信件和诗歌时所采用的不当方式。过分强调梭罗的"斯多葛主义"并忽视梭罗温和热情的性格特征，都大大妨碍了人们去全面认识《瓦尔登湖》作者的粗犷天性和质朴言词之下所隐藏的深深的温情。据说，随着梭罗性格逐渐成熟，意志趋向坚定，他与爱默生的友谊反倒变得有点"罗马式"的生硬严肃了；不过，我们大可质疑爱默生是否真的像他想象的那样全面地把握了他朋友的思想。而在梭罗，他对爱默生的局限性已然有所察觉，这一点可以从他对一位朋友表达的意见中得到证明：后世之人将把爱默生与托马斯·布朗爵士（Sir Thomas Browne）[1]划归一类——这种评价低得异乎寻常。

---

[1] 托马斯·布朗（1605—1682），英国著名散文家，文字俊美，雕琢得玲珑剔透，难读难懂。——译者注

梭罗的天才

在这里我冒昧荐言，梭罗的天才终究会像爱默生一样受到高度重视（尽管我很清楚，目前看来这一定很荒唐）。因为没有一个理智的批评家会对爱默生伟大而仁慈的智慧在同代人中所产生的巨大影响有片刻怀疑，同样，也没有人梦想将梭罗作为19世纪与他比肩的伟人。但是，让人们感兴趣并乐意追随的思想，通常不是也很少是当下时代的主流思潮；从长远来看，赢家是最有光芒的作家，而不是最善平衡的作家，是诗人而非哲学家，是最能激发读者好奇心和想象力的人。在康科德学派中，迄今为止最具启发性、最令人振奋也最具活力的人是梭罗。当时间缓和了由表面瑕疵和误解所引起的摩擦时，世界将意识到梭罗不仅仅是爱默生主义的信徒，更是一个拥有超凡心智的思想大师，给同胞留下炽热的谏言。

总而言之，梭罗面前有一个清晰明确的目标，他怀抱毫不动摇的热忱追逐这个目标，而他的每一个过失和怪癖也都潜在地服务于这个主要的人生目标。"他的作品中透出一种天命意识"，约翰·维斯说，"让他不会艳羡别人的人生。不会有人比他更热心、更无私地专注于自己的事情。如果有纯洁的灵魂被指派到这个世界上执行任务，而且严格要求不能开小差,梭罗肯定能入选。很多人批评梭罗,都是因为无法理解此人命定的能力和品性。这些批评的言词只是成功地展现了梭罗与批评者之间的差异而已。对于一个天才来说,确定不移的事实是,我们应该抱着感恩之心去理解和接纳"。

半个真理

梭罗的学说,与他的性格相仿,有其缺点和不完善之处,这一点无人否认。他不能或者不大愿意去了解整个社会问题的庞杂;当然,他几乎没有机会去了解,也缺乏了解社会问题的资讯;说到底,他强烈的个人主义品质阻碍了他的行动。因此,我们不能指望他为我们现代文明所面临的困境寻求任何全面和令人满意的解决办法;但是,如果得出结论说我们根本不能指望他,那必将是一个巨大的错误。如果说没有外部立法,劳资对立所造成的僵局是不可能解除的,同样的道理,没有个人的自我完善,就不可能有真正的社会再生;强辩孰先孰后是毫无意义的——两者缺一不可,必须并行不悖。

就梭罗而言,他的社会本能是有缺陷的,并未得到充分发展;但是,另一方面,他以比任何现代作家都更具实力和能力,去阐述更高层次的智识个人主义的福音;即使说他所宣扬的只是半个真理，这半个真理也至关重要、意义重大。"关于梭罗"，爱德华·卡彭特（Edward Carpenter）在《英格兰理想》（作为展现"生活平凡而思想高尚"的文学作品，与《瓦尔登湖》齐名）一书中说，

> 地道的真相是他是一个彻底的经济学家。他把生活简化为最基本的条件，可以说是右手握着劳动，左手握着劳动的报酬。他毫不困难地看到什么东西值得付出劳动，什么东西不值得，并且毫不犹豫地抛弃那些他认为不值得花时间和精力去生产的东西。

我们已经看到，梭罗不像爱默生那样是一位博爱仁厚、谨言慎行的哲学家，而是一位先知、督查——直言不讳、不留情面、永不妥协。他致力于矫正那些他认为是胡闹和妄想的流行倾向，并宣扬一种可以用"素朴"一词来概括的福音，与自我沉迷且矫揉做作的流行基调相对立。谁敢说当时不需要那样的抗议之声呢——现在难道不是更需要这种抗议吗？一位著名的作家说：

> 自从梭罗从瓦尔登森林回来，从事他父亲的铅笔制

作工作以来,这几年时间里增加的社会生活的装饰和负担,就比上一个世纪里增加的还多,而梭罗用他的训诫和榜样教导我们,没有了这些,人们会生活得更好、更快乐。当我们一年又一年地俯伏在这些装饰物的支配之下,生活越来越多地被各种各样的装饰物所覆盖,而更简单、更高贵的思想可能从来没有像现在这样萦绕在人们的脑海中。[1]

这就是梭罗立场的力量,正是这过分的邪性,将我们认为的舒适变成了不适,把奢侈品变成了负担,还最终必将迫使我们倾听清醒和理智的声音。

至于梭罗表达自己信念的方式,这里不用多说了,只不过他的风格完全符合他的性情。R. L. 史蒂文森先生把梭罗对于"流行观念的重锤打击"比作一个孩子出的"棘手难题","让正统人士陷入一种无言的痛苦之中"。"他们清楚这是无稽之谈——他们确信一定会有答案,但不知何故他们却找不到答案。"我们可能会精明地质疑是否会有最终的答案;但是,人们的确应该从传统习俗的昏睡中惊醒。于是,梭罗就成了一位雷厉风行、令人振奋甚至有时让人苦恼的伦

---

[1] T. 休斯先生:《学院》,1877 年 11 月 17 日。

理教师；展望抚慰人心的未来、温柔地对待读者的弱点，这都不是梭罗的目的，他甚至不去解释自己学说的特征，而他的学说奇特新颖、受众过小，很容易招致误解。既然如此，他的性格和作品肯定会让一些读者感到厌恶，就像他们对其他人有吸引力一样；如果梭罗被误置于这个时代，那么时间必将会纠正一切。

"本性中带有一个否字"

我们在梭罗身上看到了一个非凡时代的非凡产物——他那奇特的、自我中心的、孤独的形象，在文学史上是独一无二的，他以其富有独创性的大胆和独立引起了人们的注意。有人恰当地评价说："他的本性中带有一个否字"；他无视他人眼中的珍宝，却倾心这世上无人问津的东西；质疑、否认、反驳成了他的使命，但他的天才不仅仅是消极的和破坏性的。在一个千中无一、真正眷顾自然的时代，他几乎奇迹般地探寻到自然最为珍贵的秘密；在一个悲观主义的时代，大多数人，正如他自己所说，"过着平静而绝望的生活"，他却对自己命运的公正仁慈充满了绝对的信心；在一个充满伪饰的复杂时代，当理想与现实不当地脱节，社会与自然错误地对立，梭罗，作为一个虔诚的泛神论者，处处看到素朴、圆融和关联。在他看来,上帝不应被视为超脱于物质世界,也不应将人抬高至万物之灵长;他到处都在追寻同样的神性智慧——从来都没有"无生命"的自然,因为一切皆具普世灵性。总之,他的目的就是"以至高的灵性教化自然,并将自然的素朴展示给那些躁动不安、伪饰做作的人们"。

正如我们所见,梭罗以一种罕见的勇气、真诚和自我奉献精神追求着这一理想。他的努力是成功还是失败,这是一个只有时间才能完全回答的问题。他的榜样和学说在他有生之年受到了大多数接触过他的人的冷遇和质疑;而他的英年早逝,使他在精力旺盛的时候以耐心和勤奋进行的播种无法获得丰收;到目前为止,他的事业与大多数理想主义者一样,必须承认是失败的。但这并不是用来评判理想主义者,尤其是判断梭罗的标准。因为他首先享有的是无价的、不可剥夺的成功,这成功就是平和宁静的心境、乐天知命的满足。他在《瓦尔登湖》中说:"无论白昼黑夜,皆能欣然送迎;生活处处充满桂馥兰芳——随性、璀璨、永恒——那就是你的成功。"其次,他做了个保证,那就是他工作的真正价值最终会得到承认的,这是一个伟人可以兑现的。在他去世后的那段时间里,他的名望在美国和英国都稳步上升,而且注定还会进一步提高。

梭罗性格中的古怪和瑕疵都是显而易见的，即便匆匆过客也不难察觉，致使人们往往忽略其掩盖之下的卓越才华。他的不和气，他的乡土气，他偶尔怠慢的语气和脾气，他对习俗的不耐烦，有时会蜕变为不讲理，他过于敏感的自我意识，他在表达自己观点时的夸张手法——这些偶然的过失并不能损害他本质上的高贵。

我们应该明智地以他本来的面貌来对待他，既不能自遮双目、无视他的缺点，也不能面对缺点、徒然叹息，而是要记住，在如此真实和独特的个性中，"缺点"的位置和比例是一定不会超越"美德"的，此所谓瑕不掩瑜。如果把他所缺乏的优点叠加在他所拥有的优点之上，如果把他的个人主义和合群的品质结合起来，如果他在哲学上更多一点主流倾向，在表达上更多一点谨慎收敛，那么，我们也许会更敬佩他，但是，我们还会如此爱他吗？因为此刻他的性格，无论有多么丰富，都一定会缺少那种最具魅力的标志性的鲜活与辛辣——不管此刻他是怎样的人，他一定不是梭罗了。

后记

他叫梭罗

如果你性格温和,别人说你没魄力;如果你发扬蹈厉,别人说你太张狂。如果你很有精神追求,别人说你幻想、不切实际;如果你很低调、务实,别人说你沉闷、缺少朝气。如果你知识广博,别人说你驳杂而不精纯;如果你术业专精,别人说你偏狭而无远见。如果你谈吐幽默,别人说你轻浮且浅薄;如果你端恭厚重,别人说你木讷不知变通。如果你很有钱,别人笑你没文化;如果你很有文化,别人笑你没有钱;如果你既有钱又有文化,别人笑你没权势。如果你有权势,别人说你忙忙碌碌、没有自我;如果你在哲学、文学中寻找自我,别人笑你是百无一用的书呆子……

你不愿意评价别人,社会也总要评价你,虽然很多评价,尤其是不合理的评价,通常具有无事生非的通病:用一个人本来就不具备的品性为标准去衡量他,然后再以他没有满足标准为借口去指责他。这就是庸人自扰,除了情绪的起伏波动之外,于人于己,毫无益处。庄子称之为"朝三暮四",即"名实未亏而喜怒为用"。

尼采区分了"主人道德"和"奴隶道德";主人道德奠基于肯定之中,源于对生命的热爱;奴隶道德奠基于否定之中,源于对生命的憎恨;主人道德的逻辑是"我喜欢A,所以没有选择B",奴隶道德的逻辑是"我憎恶B,所以选择了A"。

梭罗不像基督徒,将否定今生打造为盼望来世的信仰;也不像斯多葛,将否定今生提升为漠不动心的境界。他就像个古希腊人,认为"阳光下的生活才是唯一值得追求的生活",因此,哪怕是在临终之时、病榻之上,当被问及"来世"的时候,他平静地回答说,"一生只有一世"。梭罗生命的动力是爱,而不是恨,这是主人道德的特质。

用主人道德来理解梭罗的人生,很多貌似怪异的举动就可以得到恰当的理解。他到瓦尔登湖隐居,不是因为他厌恶人类,而是要摸索自己喜欢的生活;他离开瓦尔登湖,也不是因为他受够了孤独,而是因为他已经找到了自己的活法,离开并非出于刻意的安排;他不想继承家族的铅笔制造产业,不是因为厌恶商业和挣钱,而是因为他更喜欢素朴与自然。这与我们常见的生活态度完全相反,人们选择A并不是出于对A本身的喜爱,而是因为厌恶B。比如,努力工作并非表示喜欢这个职业，而是因为无法容忍简约的生活，甚至只是为了攀比、为了邻人的目光，所以，不得不咬牙切齿、奋斗一场。

邻人的目光如此可怖，形形色色的价值评判，像风一样无孔不入。希伯来语中"风"就是"灵"，《创世记》开篇说的"上帝的灵运行在水面上"，又被译为"来自上帝的风运行在水面上"。对应的英语 spirit 一词，也有两层意思，一是"精神"，一是"幽灵""鬼魂"。其实，"精神"就是"鬼魂"。《尸子》中说："天神曰灵，地神曰祇，人神曰鬼。鬼者，归也。故古者谓死人为归人。"

那些失去肉身的"鬼魂"，不甘寂寞，只有"附体"到人身上，才能够让"精神"得到实现。有趣的是，英语中的"附体""着魔"一词就是 possession，即"占有"。小到一颦一笑，大到世界观、价值观，都有现成的"精神"或"鬼魂"在巴望着要"武装"或"占有"人的头脑。人们大可以不去思考，接受传统习俗和现实社会灌输给自己的各种"精神"，并美其名曰老成持重，"极高明而道中庸"。

但是，问题出现了——活着的是谁？是人是鬼？

梭罗则认为，那种状态不叫成熟，只能叫"平静的绝望"。他在 21 岁时所写的小诗《祈祷》中说："伟大的上帝，我所向您企求的最卑微的恩赐，就是请您不要让我愧对自己。"哪怕是让"朋友们失望至极"，他也要坚持成为自己，拒绝"鬼魂""附体"。赢得了世界，却丢失了自我，这又有什么益处呢？真正的"慎独"无需顾虑"十目所视、十手所指"的邻人目光，梭罗可谓是活着的自由精神。

怎样来界定梭罗呢？说他是文学家，但他写的基本上都是笔记；说他是哲学家，他又没有哲学论著；说他是诗人，是植物学家，是环境保护者……不，不，很多人都会表示异议。说他是愤世嫉俗的犬儒，但他并不厌恶社群；说他属于漠不动心的斯多葛主义者，但他关心世事；说他是个政治的浪漫派，但他拒绝参与激进的社会改造运动；说他是神秘的超验主义者，但他保持着对常识的清醒认知；说他排斥现代科技，这又完全是误解……说他是个成功的人，但他一生清贫，无权无势；说他是个失败的人，但他拥有众多的追随者和崇拜者。

他是一个鲜活的生命，无论怎样的标签贴在梭罗身上，都会自然脱落；无论怎样的理论，都无法涵盖梭罗的人生。对于德尔斐的阿波罗神庙上刻着的那句话——"认识你自己"——梭罗超额完成了任务，他不但认识了自己，还成为了自己。无论是面对上帝，还是面对一只松鼠；无论是面对国王，还是面对一个农夫，这个人都可以毫无愧疚、自信坦然地说："我叫梭罗。"

也曾看到一些论著讥讽梭罗是个无法适应社会的 misfit 或 loser，耗尽一生的智力在粉饰自己的失败。对于持上述论调的人，我只想轻声回答说："这个人活过，他叫梭罗。"

索尔特的这本梭罗传，叙事如行云流水，不疾不徐；持论如大匠运斤，不偏不倚；全书详略得当，结构清晰，材料详实，夹叙夹议。最后要小声告诉你："书不厚！"

贾辰阳

2021 年 3 月 12 日

图书在版编目（CIP）数据

瓦尔登湖的隐士：梭罗传/(英)亨利·索尔特（Henry Salt）著；贾辰阳，王锦丽译.—北京：北京大学出版社，2021.3
（博雅传记）
ISBN 978-7-301-32017-4

Ⅰ.①瓦… Ⅱ.①亨… ②贾… ③王… Ⅲ.①索罗(Thoreau，Henry David 1817-1862) – 传记 Ⅳ.①K837.125.6

中国版本图书馆CIP数据核字(2021)第032781号

书　　　名	瓦尔登湖的隐士：梭罗传 WAERDENGHU DE YINSHI：SUOLUO ZHUAN
著作责任者	〔英〕亨利·索尔特（Henry Salt）　著 贾辰阳　王锦丽　译
责任编辑	吴　敏
标准书号	ISBN 978-7-301-32017-4
出版发行	北京大学出版社
地　　　址	北京市海淀区成府路205号　100871
网　　　址	http://www.pup.cn　　新浪微博：@北京大学出版社
电子信箱	wm@pup.cn
电　　　话	邮购部010-62752015　发行部010-62750672 编辑部010-62757065
印　刷　者	北京宏伟双华印刷有限公司
经　销　者	新华书店
	880毫米×1230毫米　32开本　8.8125印张　147千字 2021年3月第1版　2021年3月第1次印刷
定　　　价	56.00元

未经许可，不得以任何方式复制或抄袭本书之部分或全部内容。
版权所有，侵权必究
举报电话：010-62752024　电子信箱：fd@pup.pku.edu.cn
图书如有印装质量问题，请与出版部联系，电话：010-62756370

梭罗生平

1817　7月12日生于马萨诸塞州康科德
1837　20岁时从哈佛大学毕业,开始写日记
1838　首次在康科德文化会馆讲演,首次去缅因远足
1840　在《日晷》发表处女作《同情》
1845　7月4日搬到瓦尔登湖的小屋居住
1846　因拒绝交人头税,而入狱一晚
1847　9月6日离开瓦尔登湖,与爱默生家族同住一年
1849　《河上一周》出版,首次去科德角远足
1852　《科德角》前四章开始连载
1854　《瓦尔登湖》出版,发表《马萨诸塞州的奴隶制》演讲
1858　《车桑库克》开始连载
1860　《为约翰·布朗队长辩护》《约翰·布朗最后的日子》出版;11月因站在雪里数树的年轮,得了感冒,以至于引发了严重的支气管炎
1862　5月6日去世,长眠于沉睡谷,享年45岁